版築―伝統と革新の間

石川恒夫／三田村輝章

前橋工科大学
ブックレット **8**

上毛新聞社

ご挨拶 －ものづくりへの情熱－

前橋工科大学学長　今　村　一　之

　「版築─伝統と革新の間」の出版にあたり、著者の石川教授よりまえがきとしての挨拶文の依頼をいただいた。建築学の専門知識の無い私がこの任をお引き受けすることは筋違いかもしれないが、研究分野の全く異なる立場から想いを述べることでご挨拶としたい。

　前橋工科大学は、昨年（2022年）公立大学質保証・評価センターによる大学認証評価を受審した。公立大学用に新しく設計された新評価基準に、「評価基準3」として受審大学の目玉になるような特徴ある教育プログラムの評価が加えられた。そのひとつとして本ブックレットに詳細のある建築学科で行われている「建築設計ワークショップ」を選定した。本学キャンパスの中庭に学生達が毎年この演習で版築のベンチ等を制作しているので、私も10年間継続しているこのプログラムの様子をしばしば見学することがあった。汗だくになって、しかし、とても楽しそうに学生達が土を突き固める作業をしている版築実習の現場を見て、彼等が実践的な技術者としての力を間違いなく身につけていることを確信したことが選定の理由である。

　この3年間、コロナウィルスは大学教育に大きな影響を与えた。2020年1月に始まったパンデミックは、丸三年間にわたり、これまでの方法論を用いた大学教育に大打撃を与えた。特に実習系の科目が多い工学部においては、本書で紹介されているような実習は学生が密になることから中止せざるを得ない局面が何度もあり、そのたびに実習担当者からはなんとかならないのかと嘆願をいただき続けた。本学は群馬県の警戒度に応じて学内の教育研究実施のガイドラインを定めており、感染状況によってはキャンパス内への立ち入りそのものを制限することもあった。

　このパンデミックの中、全世界で新しい教育方法論に関する挑戦が始まり、様々な新教育システムが開発・導入されてきた。本学もこの時期に乗じて、幸い県内大学最速の学内ネットワークを敷設することができ、リモート講義等は比較的スムーズに実施することができた。このような遠隔授業の成果は今後の検証を待たねばならない。それでも実習だけはそれぞれの学生の感覚

受容器の刺激様態が一様でないことから、デジタル通信技術の応用だけでは問題が片付かない。デジタル実習システムの開発は工学分野のみならず、実際に患者と直接接触しなければならない医療、保健分野で様々な挑戦が現在でもすすめられている状況である。

　地球が生まれてから現在までの46億年の歴史の中で、ホモ・サピエンスが誕生して20万年、農耕革命が起きてから1万年、産業革命が起きてからまだ、二百数十年である。以降、人類は様々な技術を発明して、社会を変革してきたが、まだまだ解決すべき多くの問題が残されている。人と人が繋がることで初めて成立する教育の重要性が改めて問われたこの3年間であったように思われる。

　このような状況の中、かろうじて実施することができた版築の実習であったが、この教育成果が日本建築学会教育賞を受賞することになった。受賞の記念に、2021年11月に、前橋工科大学内で祝賀シンポジウムが開催された。この年は聖徳太子生誕1400年の節目の年であった。聖徳太子は版築とは深い関係がある。太子が創建されたといわれる世界遺産法隆寺には、南大門の左右に伸びる大垣と呼ばれる築地壁などに版築工法が使われており、この土の壁がそれぞれの神聖な区域を隔てている。この1000年以上の時の流れを遡及して現在の若者達が大学のキャンパス内で土を突き固めていることにある種の感動を覚えた。

　工学は新しい技術の開発を追究する学問であるが、「一番新しいものが最高だ」というのは、全く事実ではない。古い技術を検証し、確実に次世代に繋げていく試みは重要であり、本書にある実践的建築教育も極めて重要であると思う。安岡正篤先生は、「人に大切なものは知識よりも才能よりも何よりも真剣味であり、純潔な情熱である」と述べている。このブックレットに述べられているワークショップに参加した本学の学生の情熱を短時間でも感じることができたことは私にとって大きな喜びである。さらに述べれば、彼等が社会に出てから本当に意味を持つのは、インターネットにも紙の本にも書いていない、自らが動いて夢中になりながら手に入れた知識だけだということだと思う。

　尚、本教育プログラムは、大学認証評価においても各委員からたいへん高い評価を頂いたことを付け加えてご挨拶とさせていただく。

目　　次

まえがき－何をつくるのか

　2020年10月のとある夕方、本書の共著者であり、同じフロアーに研究室を構える三田村先生を訪れ、版築制作による実践的建築教育を懸賞するための日本建築学会教育賞の応募はそろそろだったかな？と話しかけたところ、HPを確認してみると、その翌日が提出締切であることがわかり、二人とも唖然としたことを今も覚えています。一瞬ためらいましたが、迷わず応募することを決断し、それから夜通しで書類を作成し提出しました。幸い一次審査を通過し、二次審査は12月にはいってから、コロナ禍にあって、オンラインで行われました。こちらの趣旨が正しく伝われば、審査員の皆様は正しく理解し、評価いただけるのではと願うばかりでした。そして2021年春に―実は三度目の正直で―受賞が決まりました。定量的に素材の良さを感じることが評価されました。加えて、廃棄に関する問題等、業界が抱える課題についても対応していることについても高く評価され、テーマ設定の背景や教育の狙いについて十分に評価されたと考えられます。オンラインの表彰式（5月）もやむをえないことでした。そこで2021年11月20日に、本学で受賞記念のシンポジウムを開いていただきました。本学の今村学長、星前学長にもご出席いただきお言葉を頂戴しました。また、現地案内の時間をとり、ご参加の方に実物をみていただきました（写真1）。卒業生が思い出を、作業したての在学生がホットな感想を寄せてくださいました。そしてまた大学機関における実践的建築教育を調査されている富山大学の萩野紀一郎先生（写真2）、土材料及び構法を研究されている早稲田大学の山田宮土里先生（写真3）から記念スピーチを頂戴いたしま

写真1：現地見学会（2021年11月20日）

写真２：萩野先生記念講演　　　　　　　写真３：山田先生記念講演

した。萩野先生は自身が主査を務められている日本建築学会のなかの「デザイン・ビルド設計教育ＷＧ」に筆者を呼んでいただいた経緯があり、今回の受賞を喜んでくださいました。国内外の建築教育機関で実施されている様々な建築デザイン教育はそれぞれ個性的で目を瞠る思いです。

　学会誌には「受賞の所感」として以下の文章をしたためました。私たちの実践的な建築教育の意図の概略をご理解いただけると思い、そして関係する皆さまへの感謝の念をもって再掲します。

　「このたびは 2021 年日本建築学会教育賞（教育貢献）を賜り、心より嬉しく存じます。版築を制作する課題を立てた、２年生の選択科目「建築設計ワークショップ（以下 WS）」は今回で 10 年目ですが、1 学年約 50 名在籍のところ、約７割の学生が毎年受講していることから、いままで 300 名を超える学生が参加したことになります。受講したすべての学生、情熱をもって指導にあたってくださった非常勤の先生方、歴代の大学院 TA（ティーチング・アシスタント）、大学構内での演習を快諾してくださった歴代の学長及び事務局の皆様方、新聞記事を見て施工の技術協力を申し出てくださった業者様、これまで応援してくださった全ての皆様に感謝申し上げます。

　建築設計業務においては、依頼者からの多種多様な要望に対して確実か

つ的確な対応が求められますが、担当者自身が様々な素材の特性や建築資材に関する知識を持つ必要があることはいうまでもありません。しかし、実務や大学教育の現場においては、ＩＴ化の流れもあり、模型すらつくらず、図面の制作はコンピュータ上での個々人の作業がメインとなり、実際にものに触れて、手を動かして作業する機会が少なくなっていることが懸念されます。前橋工科大学建築学科では教育カリキュラムで「自己表現力を身に付ける」と位置付けられている２年次を対象に、実現を前提に構築物を設計し、施工までを組み入れた「建築設計ワークショップ」という科目を設けています。この科目は、アイデアの抽出、図面の作成をとおして、構築物を具現化する経験こそ建築の感覚を養う、本学建築学科の志向を表現する演習授業です。大学の教育は講義による座学によって知識をまとう「形式知」が主たる学修方法となっています。一方で文字や記号で表現できない、体験に基づく「暗黙知」も重要であり、その両方の調和が欠かせません。WSでは「暗黙知」を育み、心臓で学び、思考することを目指してきました。版築は、突き固めた土で壁を構築するという、歴史的にみればきわめて初源的な構法です。手間がかかるため、現代日本の建築業界ではほとんど見られませんが、世界に目を向ければ、土の構築物は圧倒的な割合で今も人々と共にあります。しかし、その手法を今、私たちが試みる場合、土を材料とする意味と意識は、過去とは異なる視点を含みますし、新たな価値を積極的に見出すべきです。その一つは ライフサイクルの視点であり、ゴミが出ない土はキャンパス内での作業にはもってこいの素材なのです。また木材や鉄骨などの線材による建設に比して、厚い壁の構築物は、学生らの素人集団の施工において、精度に寛容性を持っている点で重要なことです。さらに木、土、しっくいといった自然素材の心地良さを、ムードとしてではなく、土の持つ蓄熱や調湿などの性能として定量的に把握するという、研究題材を提供することも意識的に取り組んできました。「みんなと仲良くなれた」という多くの学生の声は予想外でしたが、一見単純な、土を練って突き固めるという作業を介して、共につくる喜びが生

み出されているのです。なかでも作業最終日に型枠をばらし、土の仕上がりと色味を誰もがはじめて見ることができるわけですが、恐る恐る湿った壁土にさわり、本当に硬くなっていることに驚く学生の姿がいつも印象的です。

　今日、ものづくりは自分の身体行為から離れてしまっています。私たちの版築というテーマは、「理念を形にする」意図と目的をもち、建築創造の起源に立つことに支えられています。学生は自ら土を集め、材料化し、構築します。そして空間の実体化を通じて、さらに土を使うという体験を積むことで、今後さらに重要性を増す、建築と環境の関係までを取り組もうとするものです。これまで建築教育では取り入れにくい方法の試みをとおして、この正課活動は建築教育の革新を意図してきました。さらに今後、キャンパスを出て、地域の景観形成にまで活動は広がっていく予感があります。版築制作を10年、と冒頭に記しましたが、毎年何かが新たに試みられています。建築教育、工学教育の今後の方向性を示すものではないかと思います。」[1]（写真4）

写真4：日本建築学会教育賞
　　　（教育貢献）授与
左から
三田村輝章、石川恒夫、堤洋樹

2017 年 9 月に刊行した前著『版築―今甦る、土の建築　実践的建築教育の試み』[2) では、2012 年から 2017 年までの 6 年間の版築制作の記録が掲載されています。その目次をあげると、「土と出会う」（1 章）、「版築シェルターと版築ベンチ」（2 章）、「版築のつくりかた」（3 章）、「土から学ぶこと－温熱環境性能」（4 章）、「土の建築の未来」（5 章）から構成されていました。本書はその続編と位置付けつつ、前著で土を実践教育における題材とする理由、土の壁＝版築をつくる教育的意義、版築をつくる基本的技術はすでに語られていますので、本書では以下のことを記します。

　2016 年から 2022 年の作業内容と得られた知見について（1 章）、前著では取り上げなかった、あるいは 2017 年以降に行った様々な実測調査の分析から見えてきた土素材の環境性能について（2 章）、版築構造物の工学的源泉の一つである 19 世紀前半ドイツ、ヴァイルブルクでの版築実践について（3 章）、前橋公園で過去 2 年に制作した、地域の景観形成の端緒となる版築ベンチの経緯と成果について（4 章）を扱うことにします。

　2012 年から今年に至る 11 年の制作を概観すると、以下の 3 期に分けることができます：

　第Ⅰ期　版築シェルター（2012 ～ 15 年）

　第Ⅱ期　版築ベンチ＋ストーブ＋あずまや（2016 ～ 19 年）

　第Ⅲ期　屋根つき版築ベンチ（2020 ～ 22 年）

　前著との重複を避けながらも、この 11 年の歩みを振り返ります。

1章　版築制作の11年－叡智を蓄える－

1－1　第Ⅰ期　版築シェルター（2012～15年）

2012年から4年間の作業内容は前著で報告していますので、簡単に振り返りましょう。キャンパス西側の空地に、高さ1.8mの版築壁3枚をコの字に配置してシェルターをつくり、ドアを設けて、およそタタミ1枚程度の内部空間をつくりました。それを第Ⅰ期と呼びます（写真1－1）。屋根は木製の陸屋根として、そこに防湿シートを敷いたうえで土を載せ緑化を施し、

写真1-1：2012～15年　版築シェルター（現存せず）

4棟のシェルターをもって一つの囲まれたロの字型の広場が形成されました。スリットのペアガラス2枚と入口木製ドアを設置しましたが、壁の水平、垂直がきれいにつくられているわけではないので、気密性もあってないような室内空間でしたが、内外の温湿度、45cm厚さの壁体内の温度分布など、土性能の定量的な検証が精力的になされ、学生の卒業研究、修士研究に展開され、また日本建築学会などで研究成果を報告するに至りました。

写真1-2：2017年1月　版築シェルターの解体

新実験棟の建設に伴い、2017年1月にそれら4年間の成果は撤去されました。朝から一日解体作業に立会いましたが、夕方には何もなかったような更地に戻り、「大地に還る土」を本当に実感しました（写真1－2）。その後、

キャンパス内の場所を移動し、5年目以降も授業における版築の制作を続けることにしました。初年度の壁の一部は、重機による撤去作業でも、原型を保持していたため、新しい作業場所に移設し、今も記念碑のように遺されています。誰にも勝手がわからなかったため、執拗に土をたたいた入魂の成果なのかもしれません。

1－2 第Ⅱ期 版築ベンチ＋ストーブ＋あずまや（2016～19年）

　屋根を含めると、2mを超える高さの建設に、業者の手を借りた仮設足場の設置は不可欠であり、上から転落しないように安全性の確保に最大限の注意が必要でした。またシェルターは壁材の配合、構成に様々な試行があったにせよ、形状は一貫したものであったため、学生の主体的な、自由な設計提案が組み込めなかったのです。また屋根緑化までを含めると所定の授業時間を超過し、屋根工事は高所で安全とはいえなかったため、教員やＴＡが主に作業せざるをえませんでした。そのような反省から、2016年より高さを最大90cmに抑えて施工の安全性を担保し、その分水平方向に伸びるベンチ制作に取り組むことにしました。キャンパスの外部空間に憩える場所が欠けているとの認識もありました。それに加えて、参加学生のスケッチや図面による検討と、現地で型枠を仮置きしながらみんなでつくる前提に立ち、どのようなものをつくるか、それをどうやってつくるか、を新たな課題として盛り込んだがゆえのことです。提案から施工計画まで、学生の自主性を促すことを重視するようになりました（写真1－3）。根伐りをして、現場の土で壁をつくる。外から何も持ちこまない。基礎工事も学生自ら行うことを工程に組み込むことにしました。

　高さを抑えることで建設が容易になると当初思いましたが、実際は低くても長い壁をつくることは

写真1-3：模型を使って案を検討する

決して容易ではない、ということは後になってわかりました。加えて一つのものをつくる、という意味で、グループに分けての作業分担があいまいになるという問題も発生してきました。なによりもしかし、シェルターと比較して高さを制限したことで、シェルター制作時は業者に委託していた基礎工事も学生自らが行うことで、当初目標としていた全作業を学生の手で実現することを可能にしました（写真1−4）。

写真1-4：2016〜19年　版築ベンチ＋ストーブ＋あずまや

　作業内容を個別にみてみましょう。2017年（6年目）はベンチにロケットストーブを組み込むことを試みました（写真1−5）。非常時には電源がなくても燃やせるものがあれば煮炊きをすることが可能で、暖を取ることもできます。煙道の確保、炉の施工など、今まで以上に精度が求められ、素人の域を出ることも多く、そのようなとき、上毛新聞の記事を見て県内の左官屋さんが協力を申し出てくださり、ベンチ座面の石張りや煙道（U字溝）加工に知恵を貸してくださいました。この年おまけでつくったBBQの炉は型枠がかなり膨らみ、ひし形のような形状になってしまいましたが、耐火レンガを積んだ炉は使い勝手が良く、打ち上げ時には有効に活躍し

写真 1-5：ロケットストーブ

写真 1-6：バーベキューの炉（2017年）

てくれています（写真1－6）。

　2018年（7年目）は公共の用途に供することが可能な建築物の制作について検討することとなり、バス停としても使える「あずまや」を制作しました（写真1－7）（図1－1）。群馬の空っ風にも耐える強度を持ち、またバスを待つ人を風雨から守ることが求められるものです。バスからの視認性の問題などから、残念ながら予定の位置での実現には至っていません。原理的には第I期と同様に高さ1.8mの壁を2枚建てて、その間を木の架構で待合スペースの屋根を被うというものです。再び仮設の足場（写真1－8）を建てることが必要になりましたし、人間の背丈を超える2枚の壁が自立していることになりますので、作業終盤にコンク

写真1-7：版築あずまや（2018年）

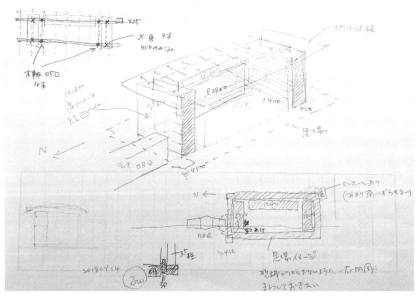

図1-1：版築あずまやのスケッチ（石川）

4

写真 1-8：足場の設置（2018 年）

写真 1-9：あずまやに柱の設置（2018 年）

リートの基礎をつくって木の柱を立てて、屋根架構と版築壁を「剛」に接合することで、版築壁の転倒を防ぐ手立てを講じました。理論的には 10.5 ㎝の柱 4 本が主構造で、版築の壁の振れを抑制していることになります（写真 1 − 9）。土の壁の強度はコンクリート壁の 1／10 程度なので、構造壁と呼ぶことはできません。なおドイツでも、土材料の販売を主とする会社（Claytec社）の版築用にブレンドされた土を使用したのみ、構造壁として認められるとのことです。自分の庭の土を掘りだして、それを壁にするのはエコの象徴的イメージですが、構造体としては認められない、という意味では、高い壁をつくることはドイツでも容易ではないことがわかります。

　2019 年（8 年目）は現地で学生たちが縮尺 1／5 の模型をいじりながらグループごとに検討を行い（写真 1 − 10）、ベンチに再びストーブを組み込みつつ、花壇をロの字のベンチが囲む形状としました（写真 1 − 11）。前

写真 1-10：現地での模型による検討（2019 年）

写真 1-11：版築ベンチ＋花壇＋ストーブ（2019 年）

写真 1-12：ストーブの炉の部分の型枠

回つくった時に、細かい炉の造作にコンパネ材を型枠として採用し、燃やすことで結果的に型枠を撤去することを想定していましたが、黒煙が出るばかりで、燃え尽きることがなく、取り出すのに難儀しました。今回は、最後に手で取り出せるように、杉板材で型枠を組みました（写真 1－12）。型枠は緩んではならないのですが、はずすことも考えた作り方をすることは容易ではありません。

この年はなによりも天候が不順で、水分調整がうまくいかず、突き固めにムラができてしまいました。またU字溝を組み合わせた煙道を曲げて、そこに花壇を囲い込むために、出隅と入隅が多くなり、つまり曲がりの多い、複雑な形状になると、型枠の成形と形状維持が難しくなり、容易に型枠が孕んで精度が下がってしまうこともわかりました。なるべく単純な形状が好ましいということがわかりました。

1－3　第Ⅲ期　屋根つき版築ベンチ（2020 ～ 22 年）

2020 年（9 年目）は、コロナ禍のはじめの年でした。不安と混乱の中で新年度はスタートしました。学生たちがキャンパスに通えるようになったのは 7 月でした。当然本授業も対面以外に実施する可能性はなく、7 月に数回実施し、暑い夏休みは避けて、9 月に再開する変則日程になりました。普段ならほぼ終わっている 7 月に始めたのですが、やはり梅雨で授業が実施できないことがあり、日程調整に苦心しました。改めて、野外での仕事に際して、職人さんが天気予報に意識的になることが実感されました。

コロナ禍での実施から時間数を通常より減らし、つまり、版築の制作量も減らしたうえで、2016年に製作したL字型の版築ベンチを原型とし、各班で屋根を自由に設計提案することにしました。版築壁の保護と、夏季の日除けを意図し、結果としてキャンパスに一つの風景を作ることを意図したものです（図1－2）。自宅待機の日々、野外での制作活動で気持ちの良い汗をかきたいと学生たちも思ったのか、今までになく41名（学年の約8割）もの参加がありました。1グループ約10名で4つのベンチをつくることにしました（写真1－13）。モデル、図面作成、材料の拾い出しを学生たちは行っています。どの班も図面を見ると、屋根の組み方がほとんどわかっていないことがわかりました（図1－3～6）。彼らは1年次に木造の軸組模型、伏図なども学修しているのですが、線材を組むことがまだ本当に血肉化されていないのです。だからこそ繰り返し、学ぶ必要があるのでしょう。さらに今回、2016年の版築ベンチを解体し（写真1－14）、土を再利用することも試みました。もともと石灰（容積比で5％相当）が

写真1-13：4基の屋根付き版築ベンチ（2020年）

写真1-14：版築ベンチの解体

混ざっているので、トータルで石灰量は増えることになります。またベンチの座面のスギ板も再利用しています。

屋根のための材料は一般流通木材3種類（30 × 150 ㎜、45 × 45 ㎜、30 × 45 ㎜）に限定し、ベンチ座面は自然塗料（寄贈品）を塗布し、購入品は他に、基礎に敷設するコンクリートブロック、屋根材のポリカーボネード波板、土に配合する石灰のみとなり、経費約15万円に抑えることができました。

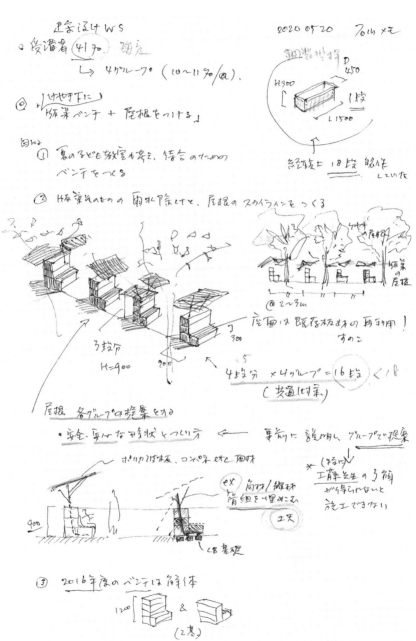

図1-2：屋根付き版築ベンチの構想メモ（2020年5月20日、石川）

当初は外注していたこともあり、40万円はかかっていたのです。なお屋根の仕上げとしては、いわゆる柿葺き（こけらぶき・木の薄板を幾重にも重ねて施工する工法）も検討しましたが、屋根荷重が重くなるリスクから、今回は採用していません。ポリカの波板は扱いやすいですが、素材の違和感はぬぐえません。とはいえ、屋根工事も含めたことで、学生の仕事は良い意味で分散され、効率よく作業ができましたし、競いつつ相互に刺激しあう姿もみられました。数十人を対象とした演習科目では、一握りのやる気のある学生が頑張ってしまい、他の学生は見ているだけという状況に陥りがちですが、版築では、単純に作業量が多いこと、またある程度均一な力加減で面の作業をする必要があることから、受講学生が自ずと作業するようになります。土を突き固める際、鉄の突き棒を気長に落下させ続ける作業が必要なため、作業をリズミカルに行うために、必然的に協調作業をしなければなりません。さらにそこに屋根の架構作業が加わり、手持無沙汰な学生がいなくなったこと、土を混ぜる、土をたたく、に加え、木材のカット、架構を組む、という別の行為が増えて、学生は自分のお気に入りの作業をどこかに見つけることが可能になりました（写真1－15）。

写真1-15：完成の集合写真（2020年）

2020 年（9 年目）、かつてのシェルターではかろうじて 15 cm ほど屋根の軒が庇の役割を担って壁が多少なりとも保護されましたが、第 II 期における単純なベンチだけでは雨に濡れ放題で、予期していたとはいえ、隅部に欠損がみられる、足元の部分が崩れだす、湿潤状態からコケがつくという現象が見られました。撥水剤もいくつか試しましたが、どれもうまくいきませんでした。版築の壁面を保護しつつ、通行人に屋根がぶつからないようにする意匠は、実は容易ではありません。

　またこの 2020 年からは構造設計事務所を主宰する本学の卒業生工藤智之氏を非常勤講師としてお迎えし、構造的な側面からこの木と土のハイブリッドの制作指導に加わっていただくようになりました。学生はスケール 1 ／ 5 のモデルでスケッチを行い、同時にそれを図面化し、教員の指導を受けます（写真 1 - 16）。自分たちが描いたものを、自分たちでつくるのですから、

責任をもって図面をつくらなければ、自分の首を絞めることになります。何度も図面上での検討から改善を試みています（図 1 - 7）。例えば 3 班案は屋根補強としての方杖が四方に伸びるとともに、基礎まで柱を伸ばしています。4 班案は、ポリカ屋根の骨組みの検討とそれを支える方杖材が加わっています。頭でっかちの印象はぬぐえず、2021 年 3 月の猛烈な暴風雨で屋根があおられ、2 基の版築が崩壊してしまいました（写真 1 - 17）。写真 1 - 13 の真ん中の 2 基です。左端（1 班）は座面にも柱があり、座るには邪魔ですが、

写真 1-16：班ごとの提案発表

写真 1-17：2021 年 3 月 2 日　暴風雨による版築の崩壊

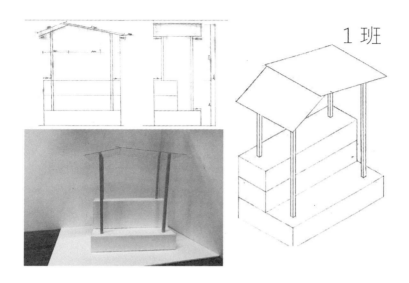

図1-3：1班の案

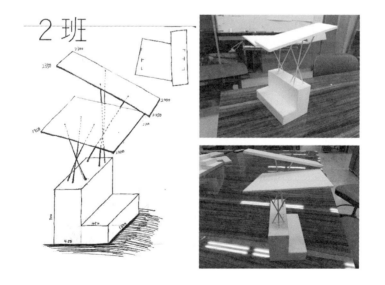

図1-4：2班の案

3班

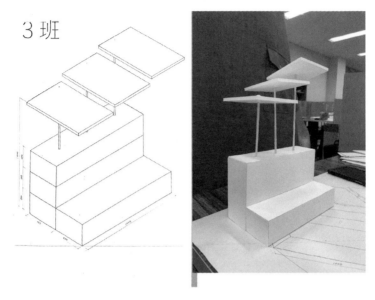

図1-5：3班の案

4班

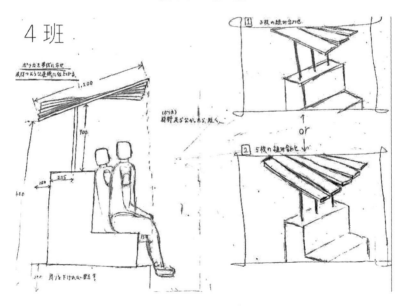

図1-6：4班の案

最も安定した形状になっています。2班、3班の場合、柱材の版築壁への埋め込みが浅かったこと、いわゆる「かぶり厚」が少なかったこと、柱材と壁が一体化せず分離していたこと、背も高く重心が上にあることなどが原因と思われ、それを2021年度の制作で改善することにしました。柱材を壁厚のセンターに埋設し、基礎のコンクリートブロックと定着すること、柱材に刻みをつけて、棕櫚縄が外れないように巻き込んで土と一体化すること、波板を垂木に適切なピッチでとめること、重心を低くすることです。この一連の過程を見ていたある学生は、「作ったところから見ているので、こうやって崩れるのか。角は特に弱いなぁということを実感できた。」と感想を寄せてくれました。壊れることは教育現場では良きお手本です。

　この年、筆者が担当する1年生後期の「建築設計基礎Ⅱ」の実習科目で、初日にこの版築ベンチをスケッチさせ、採寸して図面化するという課題をはじめて行いました（写真1－18）。学年を超え、教材として有効に活用され

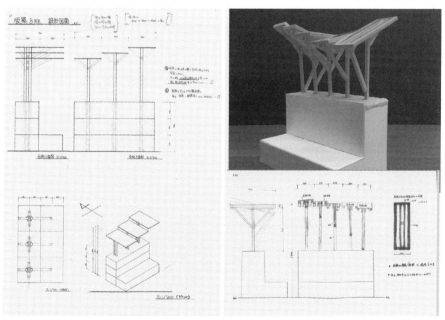

図1-7：2020年度3班（左）と4班の改善案

る事例になりました（図1−8、1−9）。そして来年は自分たちでこれをつくるのだな、という憧れの気持ちが生み出されました。

2021年（10年目）（写真1−19）、及び2022年（11年目）（写真1−20）は、2020年度の反省を踏まえて、再び屋根付き版築ベンチの制作を行っています。屋根

写真1-18：版築ベンチをスケッチする1年生

材の単純な架構は、崩壊の反省を踏まえて意図されたことです（写真1−21）（図1−10）。コロナの感染状況は好転せず、相変わらず野外とはいえ、マスクをつけた状態は苦しいものです。朝、集合して出席をとってから、ラ

写真1-19：完成の集合写真（2021年）

ジオ体操を始めるようになりました。学生も明らかに運動不足ですが、教員も高齢化してきて怪我が心配なためです。あの音楽によって一層、ものづくりの現場の雰囲気が漂うから不思議です。

　さて実は、2020年9月に上毛新聞の記事（2019年）をご覧になった市内の造園業者さんが見学に来られました。皆さんプロですが、植木の手入れのみならず、垣根や塀も仕事の範囲であり、「土」は古くから土塀、三和土など造園材料として使用して来ました。以前に出版した私たちの版築の本を教材に、自主的に勉強会をなさっているそうです。代表の茂木一彦様（双葉造園社長）とはその後もいろいろご助言を仰ぐことができ、後述しますように、学外で作業することを手助けしてくださいました。また私たちの要望を踏まえて、前橋市内（金丸町）の黄色味のある土や館林地域の表土をはいだ田土の提供を受けました。黄色味の粘性土であり、その場所固有の土が時間の経

写真 1-20：完成の集合写真（2022年）

過とともに、「地相」として形成されていることをいつも不思議に思います。ベンチによって土を使い分けることを試みました。キャンパス内のグレーの壁に対して、色味が加わりました。しかし粘土分が強い土（館林土）だと硬く締まりますが、乾燥収縮度合いも強く、作業終わりごろからすでにクラックがはいるなど、改めて土の配合の難しさを実感しました。

写真 1-21：1 班の屋根架構（2021 年）

　3 年間で 4 基ずつ、しかし、途中で崩壊したものを撤去することもあり、9 基の屋根付き版築ベンチが、キャンパスに現存している状態です。

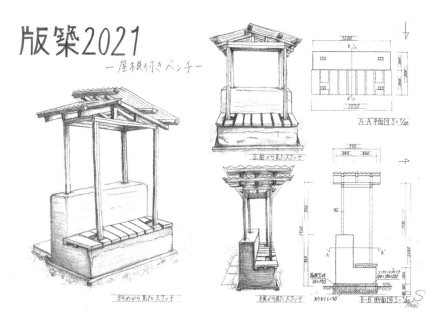

図 1-8：2021 年度実測による作図

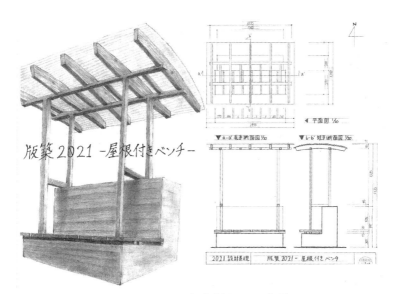

図1-9：2021年度実測による作図

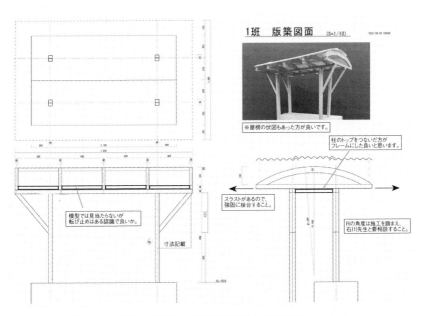

図1-10：2021年度　1班提案図面と工藤氏のコメント

1−4　版築ベンチの含水率変化（三田村）

　版築壁は、型枠を脱型した直後は水分を多く含んでいて黒っぽい色をしていますが、その後、長い時間をかけて徐々に乾燥していき、灰色や茶色といった土本来の色に落ち着いていきます。筆者らは、W1700 × H1800 × D450 ㎜の大きさの版築壁が、どの程度の時間をかけて乾燥していくのかについて、版築シェルターにおいて含水率の測定を継続的に行い、型枠脱型直後の初期含水率は 25 〜 30% となりますが、約 1 ヶ月かけて 5 〜 10% まで低下し、安定することを実証しました[1]。そこで 2020 年に制作した座面部が W1700 × H300 × D900 ㎜、背もたれ部が W1700 × H600 × D450 ㎜の版築ベンチ（2020）（写真 1 − 22）を対象に版築シェルターと同様に型枠の脱型直後からの含水率の変化を計測しましたので、その結果をお伝えします。版築ベンチは、背もたれ部は版築シェルターの壁とは高さのみが異なりますが、座面部は奥行き（D）が長く、地面に接する面積が大きいことや、版築シェルターのように室内空間を持たず、全ての表面が外気に接していることが大きく違うため、脱型後の乾燥過程も異なることが考えられます。また、4 班に分かれて 4 基の版築ベンチが制作されましたが、版築ベンチに付属する屋根の形状は、各班で自由にデザインしたため、それぞれ異なっています。そのため、屋根の形状によっては、雨が版築ベンチにかかる可能性もあり、それが含水率の変化にも影響を及ぼすことが考えられます。

写真 1-22：版築ベンチ（2020）の外観

写真 1-23：版築ベンチの含水率測定の様子

　含水率の計測には、TDR 水分計という土壌や文化遺跡における含水率の計測に用いられる計測器を使いました（写真 1 − 23）。版築壁の含水率は壁の表面と内部で大きく異なることが予測されますが、今回は壁表面に傷を付けずに計測することが可能な Surface Probe を使用しました。TDR 水分計は、誘電率を調べることで水の量を計測するもので、水の誘電率が土の粒子に比べて非常に高いため、誘電率の変化によって水分を調べることができるという原理を利用したものです。

　含水率の計測は、版築ベンチ各面を鋼製型枠の高さに合わせて上下方向に 3 箇所、水平方向に 3 箇所（両端と中央）に分割した、それぞれの面の中心部において実施しました。測定回数は、型枠脱型直後とその 10 日後、23 日後の 3 回としました。

　図 1 − 11 に 2020 年 9 月 19 日（型枠脱型直後）の版築ベンチ表面の様子と含水率の測定結果を示します。図上段の写真を見ると型枠脱型直後であるため、各班の版築ベンチの色は黒ずんだ濃い灰色であることがわかります。図下段の含水率の測定結果は、ほとんどの箇所で 20 〜 25% ですが、一部、地面に近い箇所では 30% を超えています。1 〜 4 班の版築ベンチで含水率の分布に大きな違いは見られませんが、4 班の版築ベンチは座面部の地面に近い箇所で特に高い数値を示しています。

　図 1 − 12 に 2020 年 9 月 29 日（脱型 10 日後）の版築ベンチ表面の様子と含水率の測定結果を示します。図上段の写真を見ると背もたれ部では版築ベンチの色は白っぽく変化していることがわかりますが、座面部の地面に近いところでは、一部に濃い灰色の部分が残っています。図下段の含水率の測定結果は、1 〜 2 班と 3 〜 4 班で違いが現れています。1 班と 2 班の版築ベンチでは、含水率は全体的に脱型直後よりも大幅に低下し、おおむね 7 〜 10% の範囲にありますが、3 班と 4 班では、座面部の地面に近いところでは 20% を超えている箇所も見られ、特に 4 班の版築ベンチで高くなっています。これは、雨が降った際に雨滴が直接、版築面に当たったり、地面から跳ね返った影響が考えられます。写真 1 − 24 は、西側から見た版築ベンチの様子で

すが、版築ベンチの奥（東側）に
あるケヤキの樹冠が1班と2班の
版築ベンチには覆い被さっていま
すが、3班と4班の版築ベンチの
上には、ほとんど被さっていませ
ん。そのため、1〜2班と3〜4
班の版築ベンチで雨のかかり具合
が異なり、含水率の分布に違いが
現れたことが考えられます。

写真1-24：西側から見た版築ベンチ（2020）の様子

　図1−13に2020年10月12日（脱型23日後）の版築ベンチ表面の様子
と含水率の測定結果を示します。図上段の写真を見ると1〜3班の版築ベン
チは、背もたれ部の色は脱型10日後と同じく白っぽいままですが、座面部
の地面に近いところは黒っぽくなっています。一方、4班の版築ベンチは、
座面部以外に背もたれ部の上側でも黒っぽい箇所が見られます。これは、含
水率を計測した前日の10月11日は、気象庁の観測データでは、昼間に「曇
時々晴後大雨、雷を伴う」とあるため、雨に濡れた影響であると思われます。
特に4班の版築ベンチで含水率が高くなったのは、ケヤキの樹冠に被さって
いないこと以外にも、写真1−22を見てもわかるように、屋根形状の勾配
が異なる3枚の独立した面で構成されていることから、版築ベンチの表面に
雨滴が当たることを防止できなかったことが考えられます。3班の版築ベン
チでも同様なことがいえますが、屋根の形状を考える際、見た目のデザイン
を重視しすぎて、雨風をしのぎ、版築壁を守る本来の屋根機能が不十分であっ
たといえるでしょう。このことは、建物を設計する際にも同じことがいえま
す。デザインと機能性の両方をバランス良く持ち合わせることが大切です。

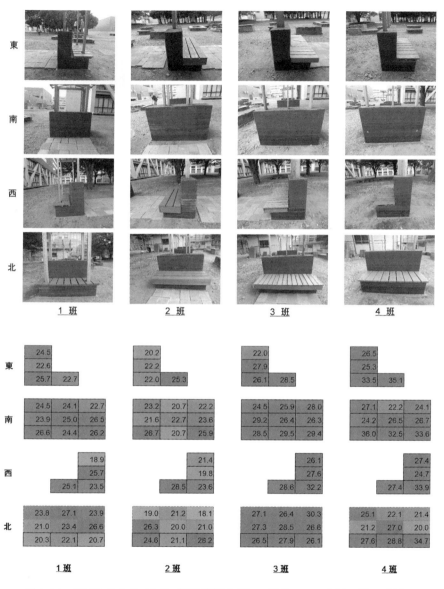

図 1-11：2020 年 9 月 19 日（型枠脱型直後）の版築ベンチ表面の様子（上）
と含水率の測定結果（下）

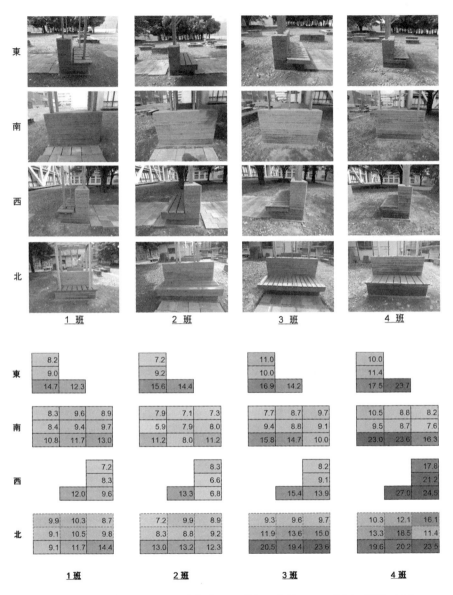

図1-12：2020年9月29日（脱型10日後）の版築ベンチ表面の様子（上）と含水率の測定結果（下）

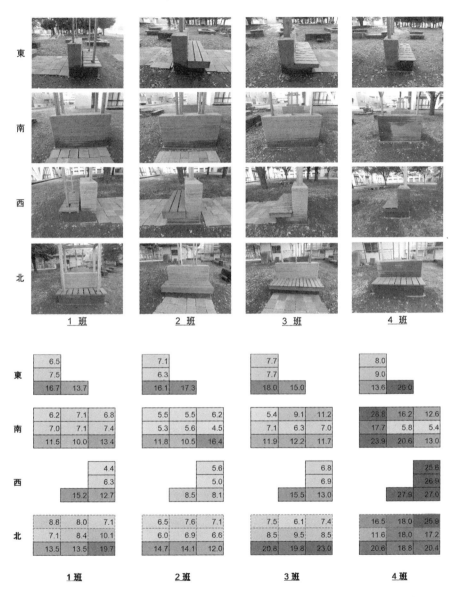

図 1-13：2020 年 10 月 12 日（脱型 23 日後）の版築ベンチ表面の様子（上）と含水率の測定結果（下）

1−5　学生へのアンケートから（2022 年度）

　版築制作はあくまで教育の方法であり、一つの科目なので、学生の評価について一言補足しましょう。私たちはペーパーの試験を行うわけではありませんし、教員も夢中になって共に作業を行う状況にあり、個々の学生の作業態度を監視するようなことはできませんし、するつもりもありません。終了後に作業についてのレポート、感想を課することもありましたが、だいたいは出席状況（遅刻、早退もきっちりチェック）によって評価に差異を付けることが続いています。2022 年は試みとして以下の項目を学生に尋ね回答してもらいました。

1）建設のプロセス（スケッチ−モデル制作−図面作成−現場制作）で学ん
　　だことはなんですか。

2）設計と施工の関係・やってみてわかった難しさはなんですか。

3）あなたの班の作業状況を客観的に評価し、また、特に頑張った学生を自
　　薦／他薦問わず挙げてください。

4）できた屋根付きベンチで良かった点／改善すべき点はなんですか。

5）その他、感想など。自由記述。

　なによりも自分たちが行ってきたことを客観視する練習です。そしてどのようなことが身に着いたのか、ということを自ら明らかにする練習です。いくつか回答を上げてみます。

質問	受講者の回答
1)	・班で案を出し合いましたが、自分では考えることのできないような案がいっぱい出て、建築デザインにおいて発想の広がる貴重な体験になりました（1班）。 ・施工側の人々への尊敬する気持ちが生まれた（1班）。 ・現場では安全第一で行動することの大切さを学んだ（1班）。 ・自分の考えを言葉で伝える難しさと、他の人の意見を立体的に考え理解する難しさを感じた（1班）。 ・施工を通して、図面の重要性を学ぶことができた（1班）。 ・グループで設計する際に自分の意見を出すことの重要さを学んだ（2班）。 ・実際に図面から実物まで一通りのプロセスを学べた（2班）。 ・グループで作業するので、自分の好みではないものでも、最後までやり遂げなければならない（2班）。 ・設計がスムーズに行かず、戻ったりすることがあった（3班）。 ・実際に使うことを考えたうえで、寸法を良く考えること（3班）。 ・モデル制作、図面制作の段階で、細かい寸法と組み立て方を定めておけば、現場制作時にスムーズにできていた（3班）。 ・設計案は、より回数を重ねて試行錯誤することが大事だと感じた。どんなところに問題が発生するか予見すること（3班）。 ・見た目だけを考えたスケッチではいけない（構造的に不可能なことが多かった）（4班）。 ・一人では気づかない点に友だちが気づき、それをみんなで話し合い解決していくという過程がグループ活動の良さ（4班）。 ・時間の管理と、チームワークの大切さを学べた。臨機応変に対応する力がついた（4班）。
2)	・計画案は作るときに思い通りにいかないということ（1班）。 ・設計側の思惑がいかに素晴らしいものであっても、施工できなければ意味がない（1班）。 ・細かなところまで考慮して設計するところに、本来の設計の難しさを感じた（1班）。 ・風の通り道や屋根の重さも大切だと知った（1班）。 ・図面と同じ寸法にそろえて切ったはずなのに、隙間ができたり、傾いたり、実際にやるのと考えるのは違う（2班）。 ・（長さを調整したり）現場で臨機応変に対応するのが難しかった（2班）。

質問	受講者の回答
2)	・制作するにあたって、図面では分からなかった部分を考えるのが難しい（3班）。 ・部材をまっすぐに組み立てていくのが難しかった（3班）。 ・構造的に弱くなるからできない、と言われた時、自分がどれだけそれを考えずに設計していたかがわかった（3班）。 ・土を均等に叩いて固める作業が想像以上に難しかった（4班）。 ・施工する時には、部材の重さや周りの環境、天候なども考慮しなければならない（4班）。 ・作業のなかで予期せぬ事態が起こると、逆にそれに対応するスキルがついたと思った（4班）。
3)	・班全員で楽しめてできていたので良かった（1班）。 ・ひとりひとりが役割をしっかり持ち、分担して効率よく作業ができていた（2班）。 ・(Sさんは)、暑かったり、疲れていても文句も弱音も吐かずに笑顔で作業していて、私が元気づけられた（2班）。 ・大きなひび割れができたが、土を突くときに、力の偏りや、同じ場所ばかり突くということが起きてしまったことが原因である（2班）。 ・全員揃うことが少なく、完成するのがギリギリになってしまった（3班）。 ・班員の精神的支柱になれた（3班）。 ・朝早くや講義終わりに集まって作業するなど、全員がワークショップを意欲的に活動していた（4班）。 ・みんなの考えを取り入れる事ができなくても、知ることができて良い刺激になった（4班）。
4)	・一番雨の影響を受けにくい形になった（1班）。 ・施工精度と風の影響をもう少し考えるべきであった（1班）。 ・もともとつくろうと考えていたデザインがそのまま完成できたことはよかった（1班）。 ・最終的に、考えたデザイン通りのベンチをちゃんと作成できた（2班）。 ・座った時に後ろが雨が濡れないよう、屋根を二つ用意したのは個人的に気に入っている（2班）。 ・土を突くことに妥協せず、その部分の仕上がりがとてもきれいだったこと（2班）。

質問	受講者の回答
4)	・屋根に開口部を設け、風の通り道をつくった（3班）。 ・様々な方向から雨をしのぐ。全体的にバランスが良い（3班）。 ・屋根の部分はあまり見ないような形が面白い。トラスを活用することで安定性がだせた（4班）。 ・エスキスで描いたようにはできなかった。構造を補うことがデザインにすごく影響されると実感（4班）。 ・土を固める作業をもう少し丁寧にやりたかった（4班）。
5)	・達成感をすごく味わえたので良かった（1班）。 ・1／1スケールでものづくりをしていくことを、今後の学びに生かしていきたい（1班）。 ・紙の上の考えと実際に可能なのかの判断がとても難しく、とても勉強になりました（1班）。 ・柱の太さや、土の質感、重さ、様々なものが想像と異なることが多かった（2班）。 ・自分たちがつくりあげたものに愛着がわき、それが残り続けるのはうれしく感じる（2班）。 ・だんだん形が出来上がっていくのは楽しかった（2班）。 ・自分が重要だと思っていることでも、他の人からすると余計なことだったりすることも実感することができた（2班）。 ・ベンチに座ることができたときには、今までになく達成感を感じた（3班）。 ・グループの人とのコミュニケーションがとれていないと、現場でミスがおこってしまう（3班）。 ・建築は設計だけでは終わらないことを身に沁みて感じた（4班）。

　このアンケート結果を見ると、たしかにホリスティックな学びの場になっていることは一目瞭然ですし、学生のポジティブ思考に驚かされます。

　1）の問いから、建築業界でも分業制が進み、それぞれの担う部分は全体の一端になりがちです。ともすれば、自分の担当しているところ以外については、なんとなく知っている程度になってしまうでしょう。しかし、私たちのワークショップでは、全ての作業を実施するようにし、またそれを手作業

で行うことで、どういったところに難しさがあるのか、また指示する側としてではなく、指示される側としてどう建築に携わっていくのかをトータルに学ぶことができる機会になったと考えられます。さらに構想から仕上げるまでの全体の建設作業の流れが、すでにワークショップで体験できたことは、仕事にも役立っているという声を卒業生からも聞いています。また、実際の建設現場のように現場監督、設計士、職人など様々な役割をもつ人々が一つの建築物をつくりあげていく過程において、十分にコミュニケーションを取り、共通認識を持つことがいかに大切であるかということ実感できたことでしょう。

　２）の問いから、図面ですべてを表現できているわけではない、つくることの難しさを体感したことがわかります。また、思った通りにいかず様々なトラブルに遭遇したときいかに柔軟に対処するかを学んだことがわかります。素材の特性を自分の手で感じたり、音で固まり具合を確かめるなど、五感を活性化させ、教育の狙いで定めた「暗黙知の育成」が実現できたと考えられます。

　このアンケートは最初から提示していたわけではありません。最後になって問いかけたのです。その意味で３）の問いから、お互いのことや他の班のことを学生は極めて良く観察していることがわかります。頑張った学生は必ずしも班長とは限らないし、自分は頑張ったと自薦する学生もいます。互いを肯定的に見ている眼差しが素晴らしい。

　各班それぞれ反省はあるものの、４）の問いからは「満足感」が、５）の問いからは「達成感」と呼べる思いが伝わってきます。少なくとも制作した学生が卒業するまでは現地に残すことにしていますので、彼らが有効に活用してくれることを願うものです。建設業の仕事のやりがいの一つは、自らが携わり、つくりあげたモノが後世まで長く残り続けることです。自分たちが制作したベンチを見た人、使った人達にデザインのコンセプトや制作時の苦労話などを語ることで、ものづくりの喜びをかみしめてほしいと思うとともに、学内に新たな交流の場ができたことを嬉しく思います。

2章　版築壁を利用したパッシブデザイン

2−1　版築トロンブ壁
2−1−1　トロンブ壁とは

　トロンブ壁[1],[2] は、1966 年にフランス人技術者のフェリクス・トロンブ（Félix Trombe）によって考案された太陽熱を有効利用するためのパッシブソーラーシステムであり、考案者の名前から名付けられたものです。トロンブ壁を利用する目的は、特に冬季において日中の太陽熱を気温が低下する夜間に持ち越して室内で利用することです。トロンブ壁の構造は、コンクリートやレンガなどの熱容量[注1] が大きな材料でできた厚みのある壁を蓄熱体とし、その外側に空気層を設けるために設置したガラス面から構成されます（図2−1）。冬季の太陽高度は低く、日差しは水平面よりも鉛直に立つ壁面の方が多く照射されることから、日射を効率よく受けることができ、壁体に多くの太陽熱を蓄積することが可能になります。しかしながら、日中に日射の熱を受けて暖まった壁体は、そのままでは日没後には急激に冷えてしまい、壁体に蓄積された熱の多くは外気へ逃げてしまいます。そこで、夜間に外気へ逃げる熱を少なくするために機能するのが、外側にあるガラス面です。ガラスは素材の特性として、日中の太陽からの日射は透過してガラス面の内側にある壁体に熱を伝えますが、壁体表面から外気の方へ向かって逃げる熱放射[注2] は透過させない性質を持つため、気温の低下する夜間に外気へ逃げる熱を少なくすることができます。また、日中に壁体に蓄積された熱は、蓄熱の効果で時間遅れを伴って室内側へゆっくりと伝わり、夜間に室内側へ放熱することができるのです。その他、壁体の上部と下部に通気口を設けて室内空間を壁体とガラス面の間にある空気層とつなげることによって、日射で暖められた空気層の空気を室内に循環させることも可能です（図2−2）。

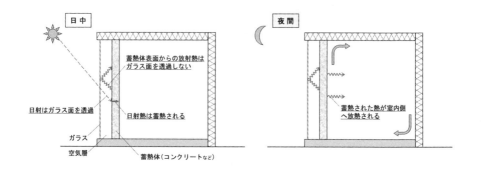

図2-1：トロンブ壁の仕組み（文献 [1] を元に作成）

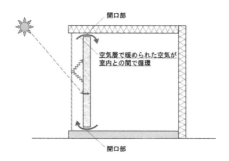

図2-2：空気循環するトロンブ壁

２－１－２　版築トロンブ壁の制作

　建築材料の蓄熱性能は、容積比熱（単位：kJ/㎥・K）で表すことができ、この値が大きいほど、蓄熱性能も大きくなるといえます。蓄熱性能が高いとされるコンクリートの容積比熱は 2,000 で、天然木材は 520 ですが、土壁は 1,100 であるため、ちょうどコンクリートの約半分、木材の約２倍であることがわかります。版築壁は土を突き固めて制作するため、土壁よりも粒子の密度が高くなり、蓄熱性能はもう少し大きくなると考えられ、トロンブ壁

の蓄熱体として十分に活用できると考えられます。筆者らは、版築壁の蓄熱性能について版築壁内部の温度分布の変化や版築壁で構成された小型シェルターの室温変動の実測結果から実証しています[3]。そこで、本項では、版築壁の蓄熱性能を有効活用するために、前項で述べたトロンブ壁の蓄熱体として版築壁を用いた"版築トロンブ壁"を制作したので、その概要を示します。

　版築トロンブ壁は、「建築設計ワークショップ」の一環として 2013 年に制作しました。前年度の 2012 年に初めて版築壁で構成される版築シェルターを制作しました。この版築シェルターは、W1700 × H1800 × D450 ㎜の大きさの版築壁 3 枚を北側と東西側にそれぞれ配置したもので、南側はシェルターの出入口としました。2 年目となる 2013 年には、前年度とは異なる試みとして、同じ大きさの版築壁を今度は南側と東西側にそれぞれ配置し、南側に配置した版築壁を利用してトロンブ壁を制作しました。写真 2 − 1 に版築シェルター（2013）の外観を、図 2 − 3 に平面図を示します。南側の版築壁をトロンブ壁とするために W900 × H1800 ㎜の複層ガラス（FL5 ＋ A12 ＋ FL5）を木枠で固定して、厚さ 85 ㎜の空気層を設けました。また、空気層の中には、夏季に入射する日射を軽減するために太陽高度が高い時期には日射遮蔽ができるように版築壁の表面にアルミハニカムパネル（厚さ 15 ㎜）を設置しました。写真 2 − 2 にトロンブ壁に設置したアルミハニカムパネルの様子を示します。その他、今回の版築トロンブ壁では、版築壁の下部に単管パイプ（48.6 φ）8 本を埋め込むと同時に、空気層の上部は室内側へ開放することでシェルター室内と空気層を接続して、日射で暖められた空気層の空気が循環するようにしています。写真 2 − 3 にその様子を、図 2 − 4 に断面図を示します。

写真2-1：版築トロンブ壁を制作した版築シェルター（2013）の外観

図2-3：版築シェルター（2013）の平面図

写真2-2：トロンブ壁に設置したアルミハニカムパネルの様子

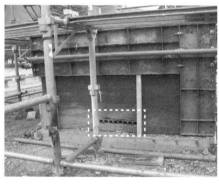

写真2-3：トロンブ壁下部に設置した単管パイプ（点線囲い内）

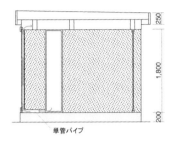

図2-4：版築シェルター（2013）の断面図

２－１－３ 版築シェルターにおける実測調査

　版築トロンブ壁の効果を確認するために、版築シェルターにおいて温度変動の実測調査を実施しました。実測調査は、熱電対という温度を計測するためのセンサーを版築トロンブ壁の中空層、壁の両表面と内部に７箇所設置しました。図２－５に版築トロンブ壁の温度測定点を、写真２－４に版築トロンブ壁の内部に設置した熱電対を示します。この他、版築シェルター室内の空気温度、外気温度、日射量も併せて計測しました。

　実測結果の一例として、図２－６に冬季（2015年2月10日）における版

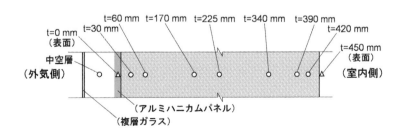

図2-5：版築トロンブ壁の温度測定点

築トロンブ壁各部の温度変動を
示します。日射量が増加し始め
る7時頃から中空層と版築壁の
中空層側表面（t=0）の温度は
45℃程度まで急激に上昇してい
ることがわかります。10〜11
時と13〜14時にかけて一時的
に5℃程度低下しているのは、

写真2-4：版築トロンブ壁の内部に設置した熱電対

この日は気象庁の観測データに
よると晴れでしたが、雲の動きの他、写真2－1を見てわかるように南側に
制作した版築シェルター（2012）と屋根をルーバーで繋いでいるため、その
影が影響したものと考えられます。その後、中空層と版築壁の中空層側表
面（t=0）の温度は14時頃には最高で45〜50℃までに達しており、これら
の温度上昇に追随して中空層から壁体内部へ30㎜と60㎜の箇所の温度も最
高で30〜35℃までに達しています。この2箇所の壁体内部の温度は、中空
層の空気温度が外気温度の最も高くなる14時頃に最高に到達するのに対し
て、16〜17時頃に最高に到達しており、時間遅れが発生しています。この
ことは版築壁の中空層側の表面から壁体内部に向かって熱が徐々に伝わって
いることを示しており、この時間遅れこそが版築壁の蓄熱効果です。また、
60㎜よりさらに内部の温度（t=170〜420）は、変化量は2〜5℃と小さい
ですが、日中よりも夜間にかけて上昇していく様子がみてとれます。つまり、
日中に版築トロンブ壁によって効率的に集められた太陽熱を外気温度が低下
する夜間に持ち越して、室内側へと伝えることができており、その効果が確
認できたと考えられますが、今回の版築壁は厚みが450㎜と分厚かったため、
蓄熱性能が大きすぎて、温度変化も小さくなりすぎてしまったことで効果も
小さくなってしまいました。今後の改善点として、版築トロンブ壁を制作す
る際には、適度な壁体の厚みとすることがあげられ、更なる研究が必要です。

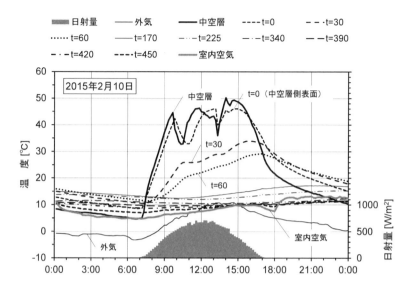

図2-6：冬季における版築トロンブ壁各部の温度変動

２－２　版築壁の断熱

２－２－１　版築壁の断熱手法

　近年、室温が健康に及ぼす影響についての話題がメディアでも多くとりあげられるようになり、特に冬季においては住宅内の温度差により引き起こされるヒートショックを防止するために建物の断熱への関心が高まっています。また、2022年6月に公布された『脱炭素社会の実現に資するための建築物のエネルギー消費性能の向上に関する法律等の一部を改正する法律』により、建築物省エネ法が改正され、原則2025年4月から全ての新築住宅に省エネ基準への適合が義務付けされる予定です。WHO（世界保健機関）では、生活する人の健康を維持するために室温を18℃以上とすることを勧告するなど、断熱性能の向上は、今後の住宅においては必要不可欠なものとなりつ

つあります。そこで、本項では、版築壁の断熱手法について考えたいと思います。

　日本はもとより海外でも版築壁を住宅に用いた事例は多くはありませんが、版築壁はそれ自体厚みをもって制作されるため、断熱が施されることはほとんどありません。コンクリートやレンガのような熱容量が大きな材料の断熱性能は高くなく、版築も同様であると考えられます。一般的に断熱性能の高い材料は、グラスウールや発泡ポリスチレンなどのように内部に多くの空隙が存在し、熱を伝えにくい静止した空気を微細な形で含んでいます。通常、住宅などでは断熱材としてガラス繊維のグラスウールやプラスチック系の発泡ポリスチレン板などが使用されることが多いですが、版築壁をこれらの材料と併せて断熱することは、自然素材である土との相性を考えると違和感があります。一方、自然素材を使った断熱材には、日本でもよく使用されるものとして、羊毛や木の繊維の他、新聞紙などを原材料とするセルロースファイバーがあります。

　そこで、今回、版築壁の断熱手法として"おがくず"に着目しました。おがくずは、建築現場で木加工の際に大量に排出されますが、多くは廃棄物として処理されます。おがくずを燃料や堆肥などとして再利用することもありますが、内部に多くの空気を含んでいるため断熱材として利用することは可能であると考えられます。では、本当におがくずに断熱材としての性能は期待できるのでしょうか。材料の断熱性能の目安として熱の伝えやすさを表す熱伝導率があります。表2－1に代表的な建築材料の熱伝導率を示します。熱伝導率は小さいほど熱を伝えにくく、断熱性能の高い材料といえます。これを見ると、窓サッシなどに多く使用されるアルミニウムが237.3でダントツに高く、土が0.612、石こうボードが0.213であり、断熱材であるグラスウール保温板は0.044と一桁小さく、この中では最も断熱性能が高いことがわかります。一方、おがくずは0.129であることから、グラスウール保温板よりは熱伝導率は大きいですが、建材の断熱性能は熱伝導率に反比例し、厚さに比例することから、厚みを大きくして使えば、十分に断熱効果は期待できる

と考えられるでしょう。ただし、おがくずを断熱材として使用するには注意も必要です。おがくずは木材と同様に燃えやすい他、環境下によっては腐朽するため、今回は、おがくずに版築の制作で用いた土と消石灰を混合させたものを版築壁の内部に中空層を設けて充填することにしました。

表2-1：代表的な建築材料の熱伝導率 [4)]

材　料	熱伝導率 λ [W/m·K]
アルミニウム	237.3
土	0.612
普通コンクリート	1.637
スギ	0.097
せっこうボード	0.213
グラスウール保温板（2号・16K）	0.044
おがくず	0.129

2－2－2　断熱層を設けた版築壁の制作 [5)]

　断熱層を設けた版築壁は、版築トロンブ壁を制作した2013年の翌年（2014年）に制作しました。これまでと同様に版築壁3枚で構成される版築シェルターを制作しましたが、新たな試みとして、南側の版築壁は版築ブロックによる組積造とし、西側の版築壁に断熱層を設けました。写真2－5に版築シェルター（2014）の外観を、図2－7に平面図を示します。

　断熱層は、版築シェルターの屋根を支える柱として壁体内に埋め込んだ2本の角材（105 × 105 ㎜）の間をベニア板で囲って中空層を設けました（写真2－6）。おがくずの断熱材は、おがくずと土、石灰を混ぜ合わせてつく

りました（写真2－7）。おが
くずは前橋市内の木工業者から
提供されたものを使用していま
す。このおがくずの断熱材を先
ほどの中空層に充填します（写
真2－8）。

写真2-5：断熱層を設けた版築シェルター
（2014）の外観

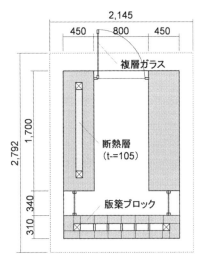

図2-7：版築シェルター（2014）の
平面図

写真2-6：おがくずの断熱材を充填するための
中空層

写真2-7：おがくずと土、石灰を
混ぜ合わせる様子

写真2-8：中空層に充填された
おがくずの断熱材

２－２－３　版築シェルターにおける実測調査

　版築壁内部に設けた断熱層の効果を確認するために、版築シェルターにおいて温度変動の実測調査を実施しました。実測調査は、版築トロンブ壁と同様に熱電対を版築壁の両表面と断熱層の外側と内側の境界面に４箇所設置しました。図２－８に断熱層を設けた版築壁の温度測定点を、写真２－９に版築壁の内部に設置した熱電対を示します。

　本項では、実測結果の一例として、冬季と夏季の代表日における温度変動や温度分布を示すことにします。

　図２－９に冬季（2015年2月12日）における版築壁各部の温度変動を示します。この日は、気象庁の観測データでは晴れであり、外気温度は概ね0

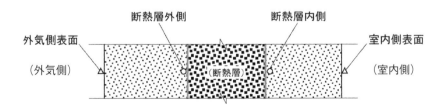

図2-8：断熱層を設けた版築壁の温度測定点

～15℃の範囲で変動しています。版築壁の外気側表面の温度は、日射量が増加し始める7時頃から上昇し、断熱層を設けた版築壁が西に面していることから15時頃に最高温度に到達し、25℃まで上昇しています。一方、断熱層外側の温度は0時から12時頃にかけては緩やかに低下し、15時頃に約6℃と最低温度に達しています。

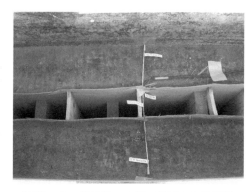

写真2-9：版築壁の内部に設置した熱電対
（おがくず断熱材の充填前）

その後は、外気とは時間遅れを伴って上昇していき、21時頃に約9℃と最高温度に達しています。断熱層内側の温度は一日を通じて変動は小さく、6～7℃でほぼ一定となっています。室内側表面の温度は、朝方の最低温度となる5℃から日中に上昇していき、外気や版築壁の外気側表面とは時間遅れで16時頃に約13℃と最高温度に達しています。断熱層外側よりも断熱層内側の方が温度の変動幅が小さく安定していますが、前述したトロンブ壁各部の温度変動を見ても断熱層内側に相当する箇所では同様な傾向にありますので、これが断熱層の効果であるかは明確に把握できません。そこで、各部の温度分布の様子をわかりやすくするために、図2－10に冬季（2015年2月12日）における版築壁各部の温度分布を3時間毎のデータで示します。ここでは、断熱層の効果を見るために、断熱層外側と断熱層内側の温度差に着目します。断熱効果が大きければ、断熱層の外側と内側で温度差は大きくなると考えられます。9時や12時など日中では両者の温度差は非常に小さく、最も温度差が大きくなる21時でも3℃程度です。これは、断熱層の厚さは角材の寸法と同じ105㎜になりますが、版築壁の厚さが450㎜と大きく、断熱層を版築壁の中心部に設置したことで、断熱層は版築壁の表面から約170㎜内部に位置するため、断熱層の両側での温度変動も小さくなり、断熱効果を明確に確認することが困難になったと考えられます。

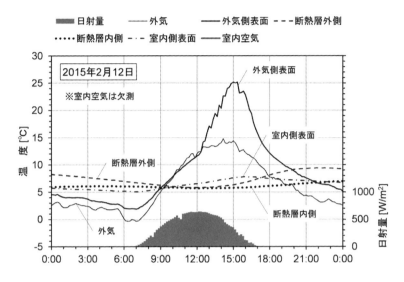

図2-9：冬季における版築壁各部の温度変動

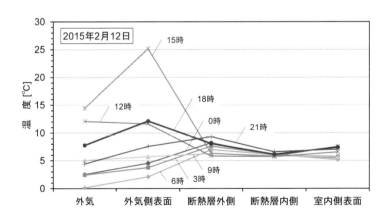

図2-10：冬季における版築壁各部の温度分布

次に外気温度が高くなる夏季における温度変動についても見ていきます。図2-11に夏季（2015年8月7日）における版築壁各部の温度変動を示します。外気温度は概ね27〜40℃の範囲で変動しています。版築壁の外気側表面の温度は、日射量が増加し始める6時頃から上昇し、15時頃に最高温度に到達し、43℃まで上昇しています。断熱層外側と断熱層内側の温度は、両者の差は小さく、33〜35℃の狭い範囲で緩やかに変動しており、夜間に最高温度に到達するといった時間遅れが見られるのは冬季と同様です。また、冬季と同様に、図2-12に夏季（2015年8月7日）における版築壁各部の温度分布を3時間毎のデータで示します。断熱層外側と断熱層内側の温度差に着目すると、日中では断熱層内側、夜間では断熱層外側の方が高くなる点が冬季とは異なりますが、いずれも温度差は最高でも1℃に満たない程度であり、小さいことがわかります。夏季でも断熱層の両側での温度変動も小さいため、断熱効果を明確に確認することは困難でした。

　今回、版築壁の断熱手法として、おがくずに着目し、版築壁の中心部に中空層を設けて、そこにおがくずと土、石灰を混ぜ合わせて充填させた断熱層の制作を試みました。冬季および夏季の実測調査においても断熱層の位置が版築壁の表面から深くなったことで、断熱層の厚みよりも版築壁の被り厚さの方が大きくなり、断熱効果よりも土の蓄熱性能の効果が大きく出てしまった結果、断熱層の効果を明確に確認するには至りませんでした。しかしながら、今回の断熱層が全く意味をなさなかったとは考えにくいため、最後に今回の断熱層と版築壁の断熱性能を概算して比較したいと思います。おがくずと土、石灰の混合物の熱伝導率は試験をしないと正確な数値はわかりませんが、表2-1で示したおがくずの熱伝導率0.129 W/m·Kに近いと仮定し、版築壁の熱伝導率を土の熱伝導率0.612 W/m·Kと同じであると仮定して、それぞれの厚みを今回の断熱層の厚みとほぼ同じ10cmとして熱抵抗値を概算すると、版築壁は約0.163 ㎡·K/W、断熱層は約0.775 ㎡·K/Wとなります。熱抵抗値は大きいほど熱を伝えにくいことを示しますので、断熱層は版築壁の約4.8倍の断熱性能を持つことになります。

　今後、この断熱層の性能評価については、断熱層のみの試験体を制作するなどして、再度、実験を試みたいと思います。

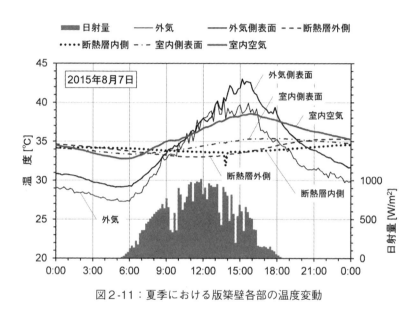

図2-11：夏季における版築壁各部の温度変動

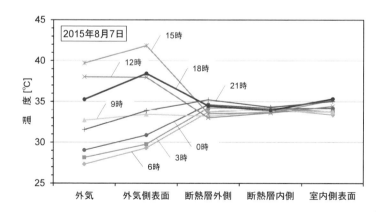

図2-12：夏季における版築壁各部の温度分布

3章　版築の町－ドイツ・ヴァイルブルクを訪ねて

3－1　版築は古くて新しい

　私はかつてドイツ、ミュンヘンに留学し、19世紀のドイツ建築論の研究を行っていました。たくさんの書物を読み漁り、精神的実証主義の立場に立って、新しい建築様式を構築しようとする彼らの建築理念と造形意志をくみ取りました。彼らの焦点は、主として新しい建築のフォルムの優位性の是非にありました。しかしこの10年、学生とともに版築制作に親しんだことを踏まえ、欧州における版築の起源、その史的過程を遡っていくと、私が研究フィールドとしていた19世紀ドイツ前半にも、形態に依拠しない物体としての版築構造物に夢中になる人物が少なからずおり、それが現代において、欧州のエコ建築の一つのルーツとして息づいていることに驚嘆しました[1]。版築はそれゆえ「古くて新しい」のであり、それが本書のタイトルにも反映されています。

3－2　ヴィルヘルム・ヤコブ・ヴィンプフ

　中部ドイツのヴァイルブルク市はラーン川が蛇行し、町の頂きには城館があり、ハーフティンバー様式の中世の建物も多数残っている美しい街です。18世紀末から19世紀前半にかけて、ここヴァイルブルクで版築による建設が展開されていました。一年以上かけて乾燥した版築の壁は石のように硬くなります。この構法のエンジン役は、ヴァイルブルク出身の事業家ヴィルヘルム・ヤコブ・ヴィンプフ（Wilhelm Jakob Wimpf, 1767 － 1839）であ

写真 3-1: ヴァイルブルク版築住居外観
（上の通りから見る）

り、ヴァイルブルクを中心に花開いた版築の建物群は、明らかにヴィンプフの主導力によるものなのです。

　今日なお、1826－28年に彼の子どもたちのために、ハイン・アレー一番地に建設された版築の住居（ピセ・ハウス）は現存し、高さ23.2 mはヨーロッパで最高の高さを誇ります。しかも、2016年にヴァイルブルク市がこれを買い取り、「旧市街地活性化イニシアチブ」のプログラムにおいて補修を行い、住宅として再び使用するといいますから驚きです。壁の躯体そのものが土ですから、蓄熱性能や調湿性能を発揮することで健康で快適な室内環境をつくりだします。居住者にとって理想的な「第三の皮膚」といえるでしょう。それは斜面地に建っており、上の通りから見ますと3階建て（写真3－1）ですが、下から見ると6階建てです（写真3－2）（図3－1）。最下層は組積造ですが、その上の5層は版築からなり、外壁は石灰モルタルの左官材で仕上げられています。市立博物館には版築構造物の展示コーナーがあり、当時すでにこれほど高い版築の建物は倒壊するのではという不安が渦巻いていて、ヴィンプフはそれに対して「今では専門家でさえ、建物が倒壊するの

写真3-2：ヴァイルブルク版築住居外観（下から見上げる）

では、という騒音を立てている。屋根職人は屋根を完成させないように警告されている。警察も巻き込まれ、あたかも通行人が避けられない崩壊によって危険にさらされているかのようだが、その雑音すべては稀有に終わった。」と、自著『補遺』（1838年）に記しています。実際、200年近くたって、建物の状態は良好です。

ヴァイルブルク市内には、今日なお、19世紀前半に建設されたと思われる20棟近い版築が残っています。いずれも文化財の建物です。しかもすべてに人が住み、生活しているのです。筆者は2018年（平成30年）に現地を訪れ、2日かけてすべてを見て回りました。市立博物館に版築構造物をまとめたパンフレットがあったことが大きな助けになったからです。ヴァイルブルクはそれゆえ、ドイツにおける版築構造物の中心地とみなされているのです。しかも壁面に≪Pisé-Haus（版築）≫という、市がつくったプレート（写真3－3）が付いていなければ、版築かどうかわからないほどに、その形態は多種多様であることも興味

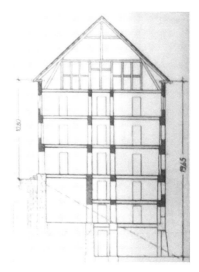

図3-1：ハインアレー1番地
版築住居の断面図

写真3-3：建物の由来を示すプレート

深いです（写真3－4）。ヴィンプフは自著の中で「（版築構造物の）内外部の化粧しっくいによって、他の建物と同じエレガンスを表現することは可能である。」と語っています。その通り、20棟すべてが個性的な外観を呈しています。

例えばシュピールマン通り22番地の住居は、中心部から離れていますが、

1796年建設で、おそらくドイツで
最古の平屋の版築住居です（写真3
－5）。ゲーテ通り1番地の住居は、
囲まれた森の中のパヴィリオンの様
相を呈し、八角形など多様な形態で
構成され、版築の壁体とは思えない
ピクチャレスクな造形が特徴的です
（写真3－6）。

写真 3-4：駅前通りに建ち並ぶ版築住居

　筆者はハインアレー1番地の版築
住居を通りかかったとき、修繕の職人が出入りしていたため、内部を覗かせ
ていただきました（写真3－7）。ところどころ外壁に剥離がみられ、茶色
い土の躯体表面が確認できます。200年も経過しているためか、版築特有の

地層（縞模様）はみえず、土の塊に
なっていました。なにより土臭さと
湿った空気感が印象に残っていま
す。1828年にカールスルーエの建
築家ハインリヒ・ヒュプシュは『いか
なる様式で我々は建築すべきか』[2]
を刊行したのですが、当時の多くの
識者の目は、建築様式の選択の問題

写真3-5: ドイツで最古の版築住居（1796年）

写真3-6: ゲーテ通り1番地　多様な形態の版築住居

写真3-7: ハインアレー1番地の版築住居　玄関から内部を見る

に向かっていたことを考えると、建築形態を問題にしない実践的視点があることに驚くのです。ヒュプシュの論旨は、ギリシャの柱梁構造が、気候面や材料調達の面からもドイツには相応しくなく、切石積の半円アーチに軍配を上げる展開なのですが、ヴィンプフの論理はどのように展開されたのでしょうか。

『ヴァイルブルクの版築ガイド』[3]（1993）の著者ヴィルヘルム・シック、あるいはヴァイルブルク市 web（2008）での版築の紹介者ルドルフ・ミュラー[4]等から、ヴィンプフの生涯を簡潔にたどります。

1767年11月15日にヴァイルブルクに政府参事官を父として生まれたヴィンプフは、ギーセンとゲッティンゲン大学で法律を学び、1789年にナッサウ・ヴァイルブルク公の顧問弁護士として勤務します。有能でしたが、1792年に、仕事の満足感が得られず退職し、グンタサウの疲弊したヴァイルブルガー製紙工場を手に入れることになり、数年で工場を繁栄にもたらすことに成功しました。その後周辺の土地を取得し、炻器工場、次に穀物工場が建設され、それら事業を拡大していきました。彼が亡くなる時には製紙工場の隣地には蒸留所、石膏工場と2つの釉薬工場を備えた炻器工場、穀物工場、石版印刷工場など多角的な経営が行われていたようです。ヴィンプフの商才は工学的関心に支えられ、かつ大学で学んだ法律の知識と結ばれ、富を築いた事業家といえるでしょう。彼の履歴をみるとしかし、建築学を修めたわけではなく、実際のところ、版築といかにして出会ったのかは明らかではありませんが、独学で知識を吸収し、上記の工場施設の多くを版築で整備していったと思われます。なぜ、版築で施設をつくることになったのでしょうか。

3－3　ヴィンプフの『ピセ・バウ完全ガイド』

1837年にヴィンプフは自らの36年の体験を6枚の図版を含む『ピセ・バウまたは版築と呼ばれる、ただ突き固めた土による、非常に安価で、耐久性があり、暖かく、防火性能を備えた住居を構築するための完全ガイド（ピセ・バウ完全ガイドと略す）』[5]（図3－2）として刊行しました。全体は15節

図 3-2：ヴィンプフ　ピセ・バウガイド表紙

ヴィンプフの『ピセ・バウ完全ガイド』概略(1837)　(全15節＋図版6点)

1節：予備報告(全体概要、木造、石造の欠点と版築構造物の長所)

2節：版築構造物の必要条件と限界(土の特性と配合)

3節：版築のために必要な道具類の記述(＋Taf.Ⅰ)

4節：型枠の組み込み(＋Taf.Ⅱ)

5節：型枠の脱型　｜ 突固め

6節：梁の設置

7節：版築壁の降雨からの保護　｜ 養生

8節：耐候面の版築の保護

9節：外部仕上げ　｜ 仕上げ

10節：窓や扉の楣

11節：版築の堅牢性とその理由

12節：版築構造物の更なる利点

13節：単純な版築構造物の無視と軽視の原因　｜ 版築の利点

14節：他の構法とのコスト比較

15節：版築構造物への批判への反論

｜ 施工の流れ

図 3-3：ピセ・バウ完全ガイド　目次と構成

から構成されていますが（図3-3）、節番号は付されていません。ヴィンムプフのテキストを概観します。

1節：予備報告は本書の概要にあたり、まずは石造や木造の欠点が指摘されています。まず石造の建物はどうでしょうか。

「堅牢だが、施工経費（足場、基礎の土工事、土砂の搬出、防火壁、煙突など）や材料調達全てが高価である。石灰、砂、水を遠方から運ぶことすらある。厚い石の壁は実質の床面積を減らす。室内は冷たく、高湿状態であり、外壁は湿潤によってクラック（亀裂）がはいる恐れがある。」石の壁なので室内は冷たく、しばしば湿気が高くなると、室内環境的な側面からヴィンプフは批判的なのです。最も非難すべきはしかし、木造だといいます。なぜならそこには私たち日本の風土との決定的な違いがみられるからです。

「百年のオークの森の半分を伐採しなければ、ハーフティンバー様式の農家は建たない。維持するための修繕作業は永遠に続く。内外装、装飾も高価であり、外的脅威（熱、寒さ、火災）に対しての保証

はとぼしい。」ヴィンプフの理由は、極めてエコ的で現代的です。

　それに対して版築構造物はどうでしょうか。

　「単純で慎み深い。地下室や基礎工事の掘削によって、壁の材料がすぐに得られる。土の成分によっては、補助剤、混和剤が必要でその意味で専門知識が問われる。（中略）基礎の石積みは地盤面から数フス上げて、雨除けの対処をしつつ、その上に版築が構築されるが、材料を運んでくる経費がかからず、一人の監督者のもとで12〜15人の作業者により60フス長×5フス高の壁がつくられる。経費のかかる足場も必要ない。版築壁に穿たれた穴に『てこ棒』を差込み、その上に厚板を敷設していく構法だからである。」施工の容易さもメリットです。1フス（Fuss）＝ 30.6 ㎝は、ほぼ日本の「尺」と見てよいと思われますので、およそ長さ 18 m×高さ 1.5 mの壁がつくれるということになります。

　「壁には継ぎ目がなく、面として一体化する。一層の高さに達したら、組積造と同様にレベルを確認しながら桁を敷き、その上に梁をかけて建物全体を固める。石造の高価な石の窓枠、ドア枠材は不要で、6〜7ツォル（Zoll）の木材で仮フレームをつくっておき、乾燥後に本来の木製の楣を設置する。」この点は 10 節の論旨の予告です。

　「外壁の厚さが最下部で20ツォル、その後18ツォル（2階）、16ツォル（3階）、14ツォル（4階）と壁厚を減衰させることで、一律の厚い壁は不要であり、逆に過剰な重さは損傷を引き起こしかねない。」と、経験的な知見が語られています。1ツォル（Zoll）＝約 3 ㎝なので、20ツォルは 60 ㎝に相当します。それでよしとする根拠が不明ですが、壁の厚さについては、地震大国の私たちには、薄いという感覚的な印象があります。

　「予備報告」の締めくくりとしてヴィンプフは 36 年の自身の体験を踏まえて記します：「（版築構造物は）工期が短く、耐久性があり、室内は快適で暖かく、火災にも強い建物を手に入れることができる。最高度に組積したものより堅牢で、優雅さの表現も得られる。」と、なによりも「関連書籍からの指示ではなく、個人的な経験から導きだされたものである。」と自信をもっ

て記しているのです。本書は理論ではなく、実践のための書であることは明らかです。「版築を、偏見をもつことなく、ありのままに受け入れるならば、多くの節約（人的、経済的、資材的）が得られるだろう。」と締めくくられています。

2節：版築構造物の必要条件と限界において、ヴィンプフは用いられる土の特性を詳細に述べています。「第一に必要なものは、しっかり突ける土である。それは風化された岩石（粘土質）、湿潤状態で土塊を形成する田畑の土である。手で握って丸められる土は適している。小石から卵大の大きさの石が混ざっていてもよい。つまりどのような場所でも材料は入手可能であり、基礎工事、地下工事から搬出される土はたいてい使用可能である。しかし粘土分が多い場合、乾燥後に多くの亀裂がはいるので、混合しない限りは版築には適さない。なぜなら版築壁は乾燥による収縮作用で細かい亀裂がはいるからである。そのような土も、石や礫状の『貧』の土と混ぜれば、改善されうる。」

手で握って固まり具合を確かめることは、今日、私たちの作業でも行いますし、湿気が大敵であることは、現代にも通じる普遍的見解でしょう。土の大きさを示す粒度分布のグラフから、土塗壁とは異なり、版築の場合には満遍なく、大小の土の粒があることが望ましいことは前著で示されました。卵大の石があっても構わないという記述には驚きましたが、私たちはこれまでふるいにかけて、大き目の石ははじいていました。ヴィンプフの記述を読んでから、この数年の作業では大き目の石も外さず、そもそもふるいにかけることもしないで土をたたくようにしています。

3節：型枠設置に必要な材料と道具の記述において、ヴィンプフは型枠の組み立てに必要な工具（つるはし、水準器、下げ振り、穴あけ器、こて、釘、突き棒、おの、ロープ、引っ張り金物など）を図解しつつ列挙しています。この図版Ｉについては、この後で詳述します。

4節：型枠の組み込みと打設方法は「構築物の精度は型枠にかかっているので、長々と記述しなければならない。」としています。図版Ⅱがテキスト

に相応しますが、後述します。

5節：型枠の脱型では、乾燥状態をみて数日後に脱型すべきであると、具体的に解説しています。そして1層目までの作業を終え、施工手順に従い、6節：梁の設置が記述されています。

7節：版築壁の降雨からの保護及び8節：耐候面の版築の保護において、施工期間中の適切な保護処置が叙述されています。耐候面は雪や雨から防護する必要がありますし、雨雪が集まるような、張出した蛇腹は避けるべきであるとしたうえで、ヴィンプフ曰く、「仕事を終えたら、壁面を雨から養生すること。そのために幅広の板で屋根をつくって、建物全体、特に打設中の壁を覆うことができるように。雨が壁体に降りこまなければ、仕上げを施さなくとも何年もそのままの状態であり続けるだろう。」

9節：外部仕上げにおいて、必要な化粧仕上げが言及され、壁面は「直定規に従って正しくそぎ落としていけば、すべての汚れはなくなるので、わら土で平滑にすることができる。この湿ったわら土に薄くならない程度に石灰モルタルをこすり付け、上から斜めに粗目のブラシでわら土に押し付ける。この粗い塗仕上げを良く乾かしてから、再度石灰モルタルを塗り込み、面を磨いていく。」

10節：窓や扉の楯の解説を経て、11節：版築の堅牢性とその理由については、誰もが関心のあるところですが、100ツェントナー（重量単位）の馬車が乾いた農道を走る時、前輪が後輪より深く沈み込むことで、地面は後輪の荷重の影響をもはや受けないと例示しつつ：「版築の最下層がしっかり打設されることによって、その上に続く層は安定する」という自然の摂理をもってその堅牢性を唱えています。私たちもなにより一番下の層をしっかり突き固めることを心がけていますが、その意図を解き明かしているともいえるでしょう。

12節：版築構造物の更なる利点について、フランスでの土構造物の先駆者コアントローが実施する土ブロックは、「製作、乾燥、施工すべてに手間がかかる」と懐疑的です。れんがは製造に要する燃料（エネルギー）が莫大

だからです。自然の有様から離れてしまうことへの懸念は、今日のエコ収支の観点を先取りするものでしょう。

13節：単純な版築構造物の無視と軽視の原因において「人は慎ましく、地味なものに気づかないか、もしくはそのような建物を軽視する。」と述べ、まさに版築がそれに該当しているとヴィンムプフは嘆いています。建築を学ぶ学生は「ローマやミュンヘンの華美な様式建築に感激し、版築構築物を蔑んでいる。」と手厳しいのです。「家畜より劣悪な環境に暮らしている家族をどう考えるのか。華美な建物だけが建築家の課題なのだろうか。」という訴えは、現代のSDGsの意味で、極めて今日的と言わねばなりません。生活に苦しむ貧困層の住環境の改善に貢献したいというヴィンプフの願いは明確であり、建築様式の是非を問うていた1830年当時のいわゆる「様式論争」とは全く別次元の論理が展開されていたことに筆者は感銘を覚えます。

14節：他の構法とのコスト比較において、ヴィンプフは再度、その堅牢性と廉価な建設費に言及します。主なコスト削減要因は、石造より壁厚を薄くできることにあります。土壁そのものが耐火性能をもっていることも付言されました。

15節：版築構造物への批判への反論においては、版築を施工できる職人がいないという指摘に対して、「版築は単純な構法であり専門性を要しない」こと、また専門知識をもった監督がいなければならないという指摘に対しては：「どのような工事でも監督は必要だ。型枠が正しく設置されているか、土が乾きすぎていないか、湿りすぎていないか、土の状態を把握すればよい。そのために健全な人間の理性があればよい。」と断言しています。

3－4　施工に用いる道具と施工方法について

巻末の6点の極め細やかなリトグラフ図版の内、施工方法と道具を示すのは図版I（図3－4）と図版II（図3－5）であり、その図版内容の分析を試みます。

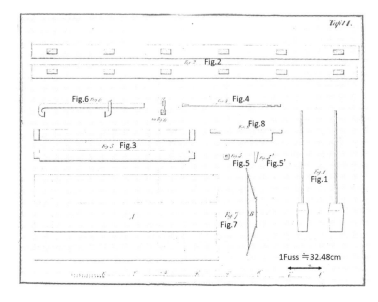

図 3-4：図版 I

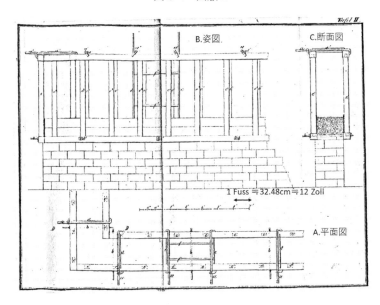

図 3-5：図版 II

3－4－1　図版Ⅰ（型枠設置に必要な材料と道具の記述）

　型枠設置において、必要とされる部材が以下に列記されています（図3－4）。

・根切り用のくわ、つるはし。人数分の突き棒（Fig. 1）：図面下のスケールバーから、全長4フス程度、先端部1フス程度と読み取れます。叩きつけるのではなく、自然落下のように突くことに意味があるので、先端部の重さが問われるでしょう。

・モミかマツの土台の角材（Fig. 2）：5ツォル（135 mm）角で長さ30フス（9.7 m）。反りや狂いのない材であること。支柱を建てるために柄穴（深さ67.5 mm）が@600 mmで穿たれます。同形の材料が頭繋ぎにも用いられています。

・土台のセンターに穿たれた柄穴に、長さ5フス（1620 mm）のスタッド（柱）が差し込まれます（Fig. 3）。なおテキストには記述がありませんが、図を見ると土台（Fig. 2）に対して、柱（Fig. 3）は一回り小さい110 mm角程度ですから、中心に据えると両端が12 mm程度空くので、そこに堰板を載せることができます。

・2 cm角の鋳鉄製の棒鉄材（Fig. 4）。長さは3¼フス（約105 cm）。両端に2ツォル（5.4 cm）幅のスリットが任意な数だけ切られており、土台にめり込むことのないように座金（Fig. 5）をはさんで、スリットにくさび（Fig. 5'）を叩き込むことで、土台部分のハラミを防止する役目をもちます。@1700 mm。最後に型枠をばらす過程で、棒鉄も抜き取るとありますが、土圧により抜き取るのは困難なのではと思います。

・15〜20本の上部に取り付ける、開き留めのための締め付け金物（Fig. 6）。建具屋や樽作りの職人が用いる金具です。今日のコンクリート型枠でのセパレータのようなものと考えられます。

・土を運ぶための桶、かご、さらに水準器、下げ振り、曲尺、直定規、錐（ドリル）、こて、釘、ハンマーなど。

・仕事を終えたら、壁面を雨から養生しなければなりません。そのために幅広の板で屋根をつくって、建物全体、特に打設中の壁を覆うことができるように。雨が壁体に降りこまなければ、仕上げを施さなくとも何年もその

ままの状態であり続けることができるとあります（Fig. 7）。

・これらの部材すべてはお金がかかりません。それにも関わらず仕事を進めることはできます。打設した地層のような表層の模様が一つの表情／意匠をもつことができます。

3－4－2　図版Ⅱ（型枠の組み込みと打設方法）

図面（図3－5）は下に平面図、上にその姿図、右に短手の断面図からなりますが、個別の図面番号は付されていません。平面図は基礎部と上部の金物が同時に描かれているので注意が必要です。筆者も参考に図面をおこしてみました（図3－6）。各部にaからfまでの記号がふられています。スケールバー（目盛り）から図版Ⅰと同様に、それぞれのおよその寸法を拾うことは可能です。例えば壁厚は物件によって、階層によって変化しますが、ここの図面では約2フス（60cm）厚さです。また堰板の高さについては姿図からおよそ20cm（7½ツヴォル）です。

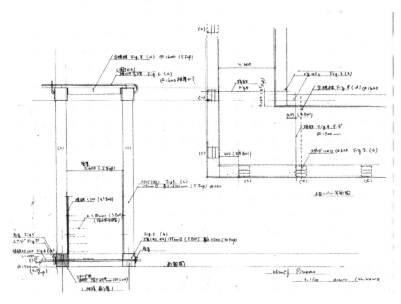

図3-6：施工方法　筆者作図

・組積の最下層の躯体の上に、土台を敷いていきますが、「最も強い、長い土台」を隅部にまず敷設します。躯体に沿って、土台は平行に配置するとともに、隅の直角をしっかり出すことが重要だ、と極めて具体的に説明していることが特徴的です。今日でも出隅をしっかり組まないと、隅から割れてくることは経験的に実感することです。

・敷いた土台の側面に棒鉄（図版ⅠのFig.4）を通すための穴を錐で開けていきます。まず内側の側面に、端部から3ツォル（81mm）程度離して孔をあけ、直角を出しながら反対面にも穿孔します。その後、作業ができる程度の距離をとって直角面の反対側にも穿孔していきます。棒鉄は図面から読み取ると、およそ5¼フス（@1700mm）ごとに差し込みますが、もう一つの端部からは150mm程度（½フス）離すようにします。端部ぎりぎりでは土台が裂ける恐れがあるからです。9m材の土台の場合、6本の棒鉄が挿入されることになるでしょう。

・土台に正確に穴があけられ、棒鉄が通され、設定された壁厚によって、棒鉄端部のスリットにくさびがはめられ、固定されます（b）。底部での開き止めがセットできたことになります。

・水準器で土台の水平を確認します。水平を出しておかないと、後で壁が傾斜して倒れる危険があるからです。

・土を突く作業者はここで基礎に上り、自分の作業範囲を5 Fuss（1.6m）程度として、人が並んで突き固める作業を行います。下にいる作業員から支柱が渡され、外側の隅部から柄穴に差し込みます（c）。図からみると、完全な隅に柱はなく、土台端部から7½ツォル（約20cm）離れて柄が刻まれています。従って、内側と外側の支柱にはずれが生じるのですが、堰板がとまればよいので問題にはなりません。

・スタッドが立ち並び、土台と同形状の頭繋ぎが設置され、内外の壁同士を繋ぐうえで@5フス（160cm）で定規板（d）を挟み込みます－板材の姿図は図版ⅠのFig.8－。最初の二つはやはり隅部から約15cm離して設置します。これをもって壁厚は規定されるので、定規板に合わせて開き止め

の締め付け金物（a）を設置します。傘の柄状のＵ字部分を内側にひっかけて、外側で柄に通した金物で締め付けますが、その方法は図面からは判断できません。

- 突き固めるそれぞれの作業エリアで、柱に抱かせるように堰板を壁となる両側に土台の上に設置する。ここでも隅部から始め、下から土が運び込まれますが、「指４本分」（約３フス＝８cm）の高さ以上は一度に突かないとあります。大きな石が外周部にあれば、壁中央部に寄せておきます。表層の仕上げと強度に影響してくるからです。有機物（植物の葉や根など）は除いておきます。注意深く足でまず踏み固めた後、最初は静かに叩き始め、それから強さを増していきます。
- 突く作業は隅部の内側から始め、最初は静かに細かく刻みながら突いていきます。そして外周部へ、そして中央部で移っていくことが肝要だとあります。これが逆だと、土が外側に逃げていき、孕んでしまうからです。
- 徐々に突きを強くし、硬化するにつれて、明るい響きがしてきたら、はじめて次の土を入れることができます。
- 隅部を強固にするために、隅部から８cmほど離して、一束の横木を中央にいれて突き固め、次の層では直交方向にいれて、同様に突き固めます。
- 型枠の最端部では、壁に継目が生じないように、「傾斜はぎ」のように45度に打設し、隣の層と一体化します。

３−４−３　まとめ

　図版Ⅰと図版Ⅱに該当するテキストを読み解きました。極めて実践的であり具体的な記述であることが明らかになりました。その内容は、本学における私たちの実践とほとんど変わることがありません。その施工方法が口伝的に継承されてきたのではないかとすら思えます。コンクリートも型枠は必要ですが、版築は突き固めるため、鋼製であってもどうしても型枠が膨らむ傾向をもちます。それゆえヴィンプフの基礎部や上部における開き止めの方法は興味深いものがあります。

4章　前橋公園にて－版築ベンチで公園を彩る

4－1　まちに版築をつくる

　泥でつくられた建造物群によるマリ共和国のジェンネ旧市街や、白壁や円錐形の石積み屋根で構成されたイタリアのアルベロベッロなどは、大地が隆起して形成されてできたかのような建物の素材や色彩が特徴的です。しかしジェンネが毎年、泥を塗り重ねて補修するように建物に手間暇かけることは、私たちの社会では今日困難であり、耐久性をもたせるための人工素材の利用は、その意味では避けられず、まちの景観が風土から切り離された無機的な質感をもつことはやむを得ないことかもしれません。土からなる版築の如き自然の素材はしかし、経年劣化するのではなく、経年美化するのだ、という価値をそこに見出し、メンテナンスへの労を厭わない生活の過ごし方を工夫するならば、私たちのまちの風景は激変するでしょう。人間とつくられた人工的環境の距離は近づくことでしょう。

　さて、2018年12月に市民に向けた大学の公開講座で、版築制作による建築教育の成果を披露し、これまでの作業を報告する機会を得ました（写真4－1）。参加された市民からは、中央通り商店街などのまちなかにつくって、市民に利用してもらったらどうか、という意見が出されました。授業としては学内での作業に多くのメリットが

写真4-1: 公開講座 (2018年12月) での見学会

あるのですが、まちや市民の方に私たちの営みを知っていただくために、大きな励ましとなる言葉をいただいたと思っています。

　その後、大学から徒歩10分程度の空地（市有地）に版築のベンチや花壇をつくる可能性があるという話が持ち込まれたのは2020年のことでした。

大学事務局の職員の方が仲介してくださり、自治会長さんが版築作業を見学に来られ、協力への内諾は得られたのですが、最後になって市は一年間の土地使用料を支払うように、そして借りている間は草むしり等の敷地管理をするようにとの条件をつけてきたため、この計画は頓挫してしまいました。その場所でできたとしても、作業に必要な水や電気の供給の問題、工具や材料置場の安全管理の問題など、具体的に考えると、学外での作業にはいくつものハードルがあることがわかりました。

４－２　前橋公園に版築ベンチをつくる－共同制作の試み

　すでに記したように2020年9月に市内造園業の方6名が見学に来られ、私たちの希望をお伝えしていましたが、楽歩堂前の前橋公園の一角の植栽の場所（市有地）約50㎡をお借りすることができることになり、版築ベンチ・花壇をつくる話が現実味を帯びてきました（写真４－２）。

写真 4-2：前橋公園の一角

写真 4-3：版築ベンチのイメージ模型

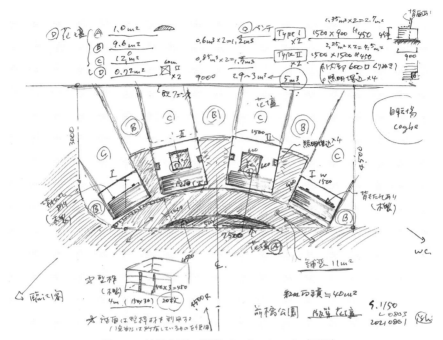

図 4-1：前橋公園　版築ベンチスケッチ（石川）

写真 4-4：サツキの移植

そして前橋高等職業訓練校研究科「造園の杜」との共同制作が始まりました。「造園の杜」の代表で、双葉造園社長の茂木さんが様々な許可申請に対応してくださったのです。隣接する公衆トイレから水や電気を使用させていただけることになりましたし、目の前には公園管理事務所があり、安全面でも申し分のないところでした。斜め前方には臨江閣を望むことができます。近隣の保育園の園児たちのお散歩など、多くの人が行き交う場所でもあります。私たちは細長い敷地に応じて、そしてこの場所ならではの、緩やかに弧を描くベンチを4

基計画し（写真4－3）（図4－1）、
そのうちの両端の2基のベンチを
2021年度につくることにしました。
壁の保護のための屋根設置の検討も
しましたが、春の暴風による破損の
記憶が甦り、ベンチのみの制作に
することにしました。そして2021
年9月に「造園の杜」の皆さんが先
行して既存のサツキを移植した上
で（写真4－4）、整地し位置出し
をし（写真4－5）、手作業で突き
固め（写真4－6）、縁石の境界ブ
ロックを円弧状に埋め込み（写真4
－7）、版築ベンチの基礎枠（写真
4－8）を先行して埋め込んでくだ
さったおかげで、私たちは版築作業
に集中することができました。大学
で使っている鋼製型枠を運ぶのは大
変なので、ここでは座面に転用する
予定で30㎜厚さの杉板を型枠にし、
事前に寸法をカットしておいて、現
地作業の負荷を最小限にしました。

写真4-5：ベンチの位置出し（基礎枠の設置）

写真4-6：基礎突き固め　タタキによる

写真4-7：円弧状に縁石の設置

　本件は授業ではありませんので、
関心ある学生に協力を求めたとこ
ろ、1年生から大学院生まで12人
（延べにして25人工）が参加し、残暑厳しい9月13日から15日の3日間
で、2基のベンチをあっという間に仕上げることができました。その作業内
容は学内とほぼ同じです。型枠を設置し（写真4－9）、土と石灰を容積比

写真 4-8：基礎固め　ランマーによる

写真 4-9：スギ型枠の設置

写真 4-10：ベンチの制作風景

写真 4-11：前橋市金丸町の粘性土

写真 4-12：型枠のバラシ

写真 4-13：型枠材の清掃、塗装

写真 4-14：脱型直後　3本の棒材は背もたれの支持材

写真 4-15：座面の完成

５％で混ぜます（写真４－10）。茂木さんから再び前橋市内金丸町の山紅緑地様からの赤土が提供されました（写真４－11）。三日目に脱型し（写真４－12）、型枠を清掃後、ブルーに塗装を施し（写真４－13）、先に埋め込んであった背もたれの支持材（写真４－14）に、座面と背もたれを取り付けました（写真４－15）。多くの学生がかつて版築を制作した経験がありますから、体はコツを覚えているのです。何よりも現在、教育現場で求められているのは異世代（学年）の交流であり、土を突く作業を通して、先輩から後輩へ、ものづくりの精神が継承されることを願うのです。

４－３　地域の景観形成のために

写真 4-16：植栽と舗装作業

「造園の杜」の皆さんがその後、植栽を施し（写真４－16）、１年目の完成を見ましたが、茂木さんの計らいで、この場所に群馬トヨペット（前橋市）が行っている社会貢献としての樹木の寄贈を行うことになりました。11

写真 4-17：植樹セレモニー

月16日、現地で植樹セレモニーを行い、前橋市にハンカチノキ、ヒトツバタゴ、コブシの成木各1本と、私たちの制作した版築ベンチを贈りました。県内の緑化事業を進める同社の「ふれあいグリーンキャンペーン」の一環で、1976年に始まり、今回が46回目ですが、大学との今回のようなコラボははじめてのことです。

寄贈式には群馬トヨペット大山社長、前橋市山本龍市長、下光リコさん（「緑の大使」2020年ミス・ジャパン東京大会グランプリ）とともに、石川と4年生2名も植樹に参加させていただきました（写真4－17、4－18）。その一人は翌春のサクラの満開時に公園を訪れたおり、夕暮れにベンチで語らう市民の姿をみて、自分のつくったベンチを使ってくれている人がいることに感銘を受けたといいます（写真4－19）。大学の授業（教育プログラム）を越えて、市民・社会に広く波及していくモデルになればと思います。

2年目の2022年も、ベンチづくりは継続され、9月12日から15日の4日間、1年生から大学院生まで17名（延べ37人工）が参加し、残りの2基

写真4-18：植樹セレモニーの後の見学会

写真4-19：夜桜の日に　ベンチ利用者

写真4-20：2022年度の型枠材と制作風景

写真4-21：脱型直後　座面定着のためのアンコ部材あり

の制作作業をしました。大学行事が重
なり、終日作業ができなかった日もあ
りましたので、実質的には昨年と同じ
時間をかけています。むしろ1年生が
4名参加したのをはじめ、より多くの
学生が関心をもって取り組んでくれた
ことは喜びです。昨年植樹した3本の
苗木は一回り大きくなっています。今

写真 4-22：クラックがはいった版築
（2021 年度制作）

回のベンチ形状はロの字ですが、作り方はほぼ同じです。赤味を帯びた土は
今までと異なる場所から掘り出したのかと思いましたが、茂木さんによれば、
昨年と同じく前橋市金丸町のところから、しかしより深いところから掘り出
したので色味が変化しているとのことでした。大地の不思議です。私たちも
また、二つの改良を試みました。一つはヴィンプフの工法を参考に、斜材と
垂直材を組んで型枠が膨らまないようにしたことです（写真 4 - 20）。型枠
は広がらず成功したといえるでしょう。もう一つは座面を固定するのに、い
わゆる「あんこ」を埋設しておき、そこから根太を取り付けることで版築を
座面のビスで傷つけないようにしました（写真 4 - 21）。2021 年に制作した
ベンチではビスのところからクラック（亀裂）がはいってしまっていたから
です（写真 4 - 22）。座面はただ置いてある状態にしてあります。

4－4　今後の展望

　お花には水は必要ですが、土の
壁には水は不要であり、ベンチと
花壇の共生にはなお一層の考慮と
デザインが必要です。「造園の杜」
の皆さんがそのことを考慮され、
ロの字部分に焼杉でボックスをつ

写真 4-23：プランター用の焼杉型枠

くり（写真4−23）、版築が直接土に触れない配慮をされ、そこにエリカを植えていただきました（写真4−24）。この春の情景が楽しみです。

写真4-24：エリカの植え付け

「造園の杜」の皆様の注目点はこのほかに三つありました：
1．経年変化が速いのでは？（屋根等作れずむき出しになるため）
2．土のベンチに対する公園利用者の反応。
3．維持管理の頻度はいかに。

一年が経過した現況として、次のような印象をもたれました。
1．経年美化まではいかないが、ざらざらした、柔らかい「土」独特の雰囲気が出ている。それを自然な風化と呼ぶかは難しいところである。
2．統計をまとめるには至っていないが、年配の方の利用が見られる。版築ベンチが実験の場としての設置であることを掲示する必要があるだろう。利用して座っていいのか、戸惑いがあるように感ぜられる。
3．維持管理は少ない。角が欠ける程度で補修は要していない。

今後の研究課題として、以下のことを挙げておきます。
1．今回は4基のベンチが美しく飾られているようにも見える。背景の樹木といい具合に絵になっているが、公園の歩道の脇に何気なく版築ベンチが点在して置かれているような場所性を考えたい。
2．素材を追加した上での版築表面の変化を比較したい。苦汁（あく）、ス

サ（灰汁抜き、わら）、セメント、山砂等、幾つかのパターンで色、質感などの変化を見たい。

　現在、隣接する「るなぱあく（前橋市中央児童遊園）」は休日になれば、園内のみならず前橋公園にも様々なキッチンカーを出店しています。ちょうどここ（写真4−25）にはベンチがあり、トイレがあり、休憩できる管理センターがあります。版築ベンチもその一翼を担い、囲まれた場所をつくっています。一つの椅子がおかれただけで、そこに一つの場が生まれるものです。そしてそのそばに、ある日テーブルが置かれれば、カップが置かれ、やがて人と人との出会いが生まれるかもしれません。建築することをとおして、場を生み出すことが必要であると考え、「空間（Raum）」とは「場を譲り渡すこと（einräumen）」だと説いたのは、ドイツの哲学者ハイデッガーでした。建物に求められる機能や周辺環境の諸条件が定められ、空間は場と場の関係から必然的に生じてきます。版築ベンチも「場を譲り渡す」ための大切な要素なのです（写真4−26）。

写真 4-25：周辺配置（Google map に加筆）

写真 4-26：場が生まれる

あとがき—何のためにつくるのか

　建築家であり、チューリヒ連邦工科大学（ETH Zurich）の客員講師ロジャー・ボルツハウザー氏により『版築（ピセ）―伝統と可能性』が2019年に出版されています。この書は中部ヨーロッパ、とくにスイスにおける版築構造物の歴史と意義をはじめて取り扱ったものです。土を用いることの優位性—強固さ、耐火性能、室内環境特性（調湿性、蓄熱性など）はすでに16世紀、17世紀に指摘されていたようです。そして歴史的価値から出発し、鉄やコンクリートが席巻する現代建築に対する建築工法の可能性を述べている点で注目に値します。表紙（図1）は、およそ2層の高さでつくった版築壁をコンクリートの基礎と梁で挟み込み、テンションをかけたハイブリッド構造のモックアップです。構造的な自立壁はいかに成立するかの原寸での検討です。土という建築材料は、エコロジカルで、完全にリサイクル可能な材料ですから、現代建築における魅力的なアルタナティブになるでしょう。私

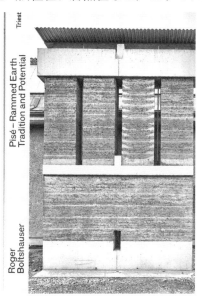

図1：表紙

たちと目指すことは同じだと思うのです。意匠、構造の両面からなすべきことはまだたくさんある、という思いです。

　地元新聞社やテレビ局の取材を受けるたびに、記者の多くは「工法の勉強ですか？なんのための研究ですか？」と私たちの活動に関心を寄せつつも、活動を限定的にとらえようとしていることに気づきます。そもそもこれが授業の一つであることをなかなか理解してくれないのです。スケールは小さい

ですが、企画、設計から施工までホリスティックにものづくりを学ぶ場であることをご理解いただくことをとおして逆に、私たちの行為の意義が意識化されていきました。

改めて現代におけるものづくり教育の意味を考えるとき、たとえば、1914年のドイツ、ケルンでのドイツ工作連盟展での手づくりの芸術性を尊重するヴァン・デ・ヴェルデと、工業化による廉価な大衆性を尊重するヘルマン・ムテジウスの論争を想起することができます。手仕事の重要性はアーツ・アンド・クラフト運動をはじめとして、工業社会の台頭とともに発生してきたテーマであり、安定した（工業的）品質と手頃な価格設定に時代は微笑みつつも、一品製品の良さが失われてはならないというリアクションが起こるのが、歴史から学ぶことでしょう。

さらに1913年から7年をかけて自ら著した神秘劇を上演する劇場をつくろう、ひいては自ら提唱する思想体系「アントロポゾフィー」を外的に可視化する建物が、スイスのバーゼル近郊ドルナッハで建設されていました。ヴァイマールでは同時期に総合芸術運動としてのバウハウスが設立され、モダンな校舎が建設されていましたが、ドルナッハの丘の（第一）ゲーテアヌムは、ルドルフ・シュタイナーの主導により、巨大な木の塊を割りぬくかのように、生けるフォルムが創造されていました。シュタイナーは自ら作業現場でノミを持ち、左手に感情をこめて、右手には力をこめて、ノミによっフォルムを感じ取るようにと、彫刻家たちに模範を示しました。なんのためにこのようなことをするのか、という建設従事者の素朴な問いに応えるべく、1914年6月に行った5回連続のルドルフ・シュタイナーの講義は感動的です。「私たちの仕事全体を通して太刀打ちできないという感情をさらに担い続けるならば、それは好ましい、為になる感情だろうと私は思います。というのはただこうしてのみ、私たちは達成されるべき可能なる最高のものに到達することができるのですから。本来の課題にはそのときもやはり、ほんのわずかにしか太刀打ちできないという感情をいつも抱いているならば、私たちは現代において、精神科学的な探求の芸術的な被いの端緒を私たちに可能な手段に

よってできる限り感性にまで導くことができるでしょう。私たちは建設現場に足を踏み入れつつ、《君の力と君の能力のあたう限り、君に可能なる最高のことを為せ、なぜなら為さねばならぬことは十分為して為し過ぎることはないのだから。そして君の可能な限りを尽くしてもまだとうてい十分とは言えないだろう。》という、至る所から流れ込んでくる精神的な影響力にあたかも全く取り囲まれているかのように私たちは感ずるのです。この建設現場に足を踏み入れるとき、偉大なる使命が私たちの周囲を巡り漂っているというおぼろげな感情、あるいは予感のようなものが私たちに魂を吹きこむでしょう。」[1]

　大学教育のなかのささやかな実践とゲーテアヌム建設を比較することはできない、と思いますが、しかし、私たち教育者、実務者は実は、それが土であれ、木であれ、ダンボールであれ、あらゆる個人的なことを超えた《教育材料》と向き合っていること、上述のような、人類の進化に貢献するべく偉大な使命を担っていること、つまり、実践されるそれぞれの場所から「平和と調和と愛の精神」が世界に向かって放たれることを肝に銘じたいと思います。

　本書は有限会社双葉造園（代表：茂木一彦様）を課題提案者とする 2022年度（令和 4 年度）前橋工科大学地域活性化研究事業で採択された課題「都市公園の整備における版築構築物の可能性について−前橋公園をケーススタディとして−」を基に制作されました。本書には様々な学生（個人、班）のスケッチ、コメントが用いられているという意味では、本書は学生との協働による成果といえましょう。関係の皆様へ御礼申し上げます。最後に、出版を後押ししていただき、素晴らしい序文を寄せてくださった前橋工科大学学長今村一之先生に感謝申し上げます。

2023 年 3 月 11 日　石川　恒夫

注　釈

注1）熱容量は、容積比熱（単位：kJ/㎥K）に材料の容積（単位：㎥）を乗じた値で、単位は kJ/K となり、物体の温度を 1K（℃）上昇させるのに必要な熱量を表す。熱容量は、同じ材料であっても容積が大きいほど、温めるための熱量は多く必要であることを意味する。

注2）熱の伝わり方の 3 形態（伝導、対流、放射）の一つであり、物体の表面温度に応じて電磁波として放出される熱のこと。

参考文献

まえがき

1）『建築雑誌』（日本建築学会）2021 年

2）石川恒夫、遠野未来、三田村輝章『版築─今甦る、土の建築』上毛新聞社（2017）

1章

1）三田村輝章、石川恒夫、堤洋樹：版築壁で構成する実験シェルターを対象とした温湿度環境と初期含水率に関する実測調査、日本建築学会技術報告集、28 巻 68 号、pp.302-307、2022 年 2 月

2章

1）HEATING, COOLING, LIGHTING: Sustainable Design Methods for Architects, Forth Edition, Norbert M. Lechner 著 , WILEY, 2014

2）自然エネルギー利用のためのパッシブ建築設計手法事典 新訂版、彰国社 編、2000 年

3）三田村輝章、石川恒夫、堤洋樹：版築壁で構成する実験シェルターを対象とした温湿度環境と初期含水率に関する実測調査、日本建築学会技術報告集、28 巻 68 号、pp.302-307、2022 年 2 月

4）最新建築環境工学 [改訂 4 版]、田中俊六・武田 仁・岩田利枝・土屋喬雄・寺尾道仁・秋元孝之 共著、井上書院、2014 年

5）永井和幸：版築壁の環境性能評価と住宅への適用に関する研究 －版築シェルターを用いた基礎実験と戸建住宅を対象とした検討－、前橋工科大学修士学位論文、平成 28 年 2 月

3章

1）版築の史的系譜について例えば以下の書を参照した。Silke Krüger: Stampflehm, Renaissance einer alten Technik, 2004 Aachen

2）ヒュプシュの著書『いかなる様式で我々は建築すべきか』（1828）は以下に訳出し所収した。石川恒夫『様式の生成—19世紀ドイツ建築論における「様式統合」理念に関する研究』中央公論美術出版社（2017）

3）Wilhelm Schick: Der Pise-Bau zu Weilburg an der Lahn,1993[2] Weilburg ヴィンプフの誕生は1767年10月25日の説もあります。

4）Rudolf Müller: Piseebau in Weilburg u.s.w. www.weilburg-lahn.info
ヴィンプフの著書が活字体で再掲されており、解読のためにはこれを使用しました。

5）Wilhelm Jakob Wimpf: Der Pise-Bau. oder vollständige Anweisung, äusserst wohlfeile, dauerhafte, warme und feuerfeste Wohnungen aus bloser gestampfter Erde, Pise-Bau genannt, zu erbauen, Weilburg 1836.

あとがき

1）ルドルフ・シュタイナー『新しい建築様式への道』上松佑二訳、相模書房（1977）
引用は第二講義「言葉の家」1914年6月17日 p.81

石川恒夫（いしかわ・つねお）

1962 年東京生まれ。早稲田大学大学院修士課程修了。
1991 ～ 93 年ミュンヘン工科大学（ドイツ学術交流会奨学金による研究留学）
1997 年前橋工科大学建築学科 専任講師。助教授 (准教授) を経て、2012 年より同大学教授。ビオ・ハウス・ジャパン一級建築士事務所（2004 ～）。
専門は建築設計、建築論。博士（工学）。一級建築士。Baubiologe IBN（Germany）。
日本建築学会奨励賞（1996）、木の建築賞大賞（2011）、埼玉県環境住宅賞（2013、2016）、日本建築学会教育賞（教育貢献）（2021）など。

三田村輝章（みたむら・てるあき）

1973 年愛知県出身。東北大学大学院博士後期課程修了。
2000 ～ 2001 年デンマーク工科大学 室内環境・エネルギー国際研究センターに留学。
2002 ～ 2004 年横浜国立大学 VBL 研究員。
2005 ～ 2010 年足利工業大学建築学科 専任講師，准教授を経て，2011 年より前橋工科大学建築学科 准教授。専門は建築環境工学。建材の調湿性能，シックハウス，温熱環境など，主に住宅の熱・空気・湿気環境の研究に取り組んでいる。博士（工学）。
空気調和・衛生工学会学会賞（2005）、日本建築学会教育賞（教育貢献）（2021）など。

前橋工科大学ブックレット 8

版築－伝統と革新の間

2023 年 3 月 29 日　初版発行

著　　者：石川恒夫、三田村輝章
　　　　　〒 371-0816　群馬県前橋市上佐鳥町 460-1
　　　　　TEL ０２７－２６５－０１１１
発　　行：上毛新聞社営業局出版編集部
　　　　　〒 371-8666　前橋市古市町 1-50-21
　　　　　TEL ０２７－２５４－９９６６
Ⓒ Maebashi Institute of Technology 2023